新质生产力与土特产经济

赵光远 著

中国科学技术出版社

·北 京·

图书在版编目（CIP）数据

新质生产力与土特产经济 / 赵光远著 . -- 北京：
中国科学技术出版社 , 2025. 2（2025.8 重印）.
ISBN 978-7-5236-1173-9

Ⅰ . F12

中国国家版本馆 CIP 数据核字第 2024HW1522 号

策划编辑	杜凡如　李清云	责任编辑	杜凡如
封面设计	创研设	版式设计	蚂蚁设计
责任校对	吕传新	责任印制	李晓霖

出　　版	中国科学技术出版社
发　　行	中国科学技术出版社有限公司
地　　址	北京市海淀区中关村南大街 16 号
邮　　编	100081
发行电话	010-62173865
传　　真	010-62173081
网　　址	http://www.cspbooks.com.cn

开　　本	880mm×1230mm　1/32
字　　数	200 千字
印　　张	9.75
版　　次	2025 年 2 月第 1 版
印　　次	2025 年 8 月第 2 次印刷
印　　刷	大厂回族自治县彩虹印刷有限公司
书　　号	ISBN 978-7-5236-1173-9/F·1341
定　　价	79.00 元

农业农村现代化之趋势与要点

赵光远所著的《新质生产力与土特产经济》一书，很多观点与我所撰写的《我国农业农村现代化的前沿趋势与路径选择》一文具有一致性。为此，在赵光远研究员邀我作序之际，摘取该文中部分观点，以《农业农村现代化之趋势与要点》为题并代序，表明本书符合农业农村现代化的前沿趋势，同时也希望能给作者以新的启发，为其将来撰写《特产力量 2.0》提供参考。

要关注农业农村现代化的前沿趋势。与本书相联系，有两个趋势值得关注：一是信息技术与农业深度融合的新趋势极为重要。世界农业发展史充分证明了科技是农业发展的原动力和驱动力，农业强国必然是农业科技强国。从当前看最为突出的是农业生产不再局限于传统的种植和养殖方式，且越来越多地依赖前沿科技的创新应用；同时农业新质生产力不仅体现在农业生产方式与生产工具的更新换代上，更表现为农业生产的结构、理念及模式的根本性转变。我们应促进小农户与现代农业紧密结合，提高小农户的科技应用能力和农业生产的整体水平。第二个趋势是农产品消费需求多元化新趋势。作为大国小农,准确把握农产品的市场需求变化趋势是农业高质量发展的根本前提。随着居民收入水平的提高和城镇化进程的加快,我国居民食物消费结构发生了深刻的变化,呈现出从以单一的谷物为主,逐步转变为由粮、肉、蛋、乳、果蔬等组成的富含高蛋白、高营养价值的食物组合,呈现加工食品占比不断提高的结构多元化与高质量发展的趋势。在食物结构性变化背景下,农产品消费结构发生了高中低端分化,日益呈现多样化、个性化、特色化趋势。食物消费不但追求营养和健康,而且更讲究口味。不同地域的饮食文化对食物消费结构的形成与演变产生了重要影响。此外,城市与乡村的发展机会和生活条件的差异正在缩小。农村正从传统的以农业为主逐渐向以工业和服务业为支撑的多元化产业结构转型。城乡发展的轨迹呈现出明显的分化与融合双重特征。城乡居民的生活方式和消费习惯日益趋同等也都将影响新质生产力赋能土特产经济发展进程。

要关注农业农村结构性矛盾的变化趋势。第一个需要关注的是消费结构性变化导致农产品短缺与过剩并存的趋势。长期以来形成的农业生产与消费需求和市场变化不完全匹配的问题仍然在一定范围内存在,因而导致短缺与过剩并存,突出表现为农产品同质化现象严重、低端农产品去产能难等问题。很多地区仍然存在种植结构单一、高价值作物种植比例偏低的问题,也存在着农产品产销衔接不畅的问题。同时，农业发展偏重于供给端的扩大生产，而未能充分注意需求端的市场体系建设，导致优质不能优价、增产不能增收，严重挫伤了农民的生产积极性。农产品加工业发展不足也是导致供求失衡的因素之一。这些问题在土特产行业也是广泛存在的。第二个需要关注的是现代化快速推进过程中农民面临城乡双重困境。受自然资源条件、生产技术水平、单一生产方式和有限市场机遇等因素的制约，农民的就业选择和增收渠道极为有限；农民从直接农业生产劳动中获得的收入也在不断减少；农业在整体上为农民增加经营性收入的机会空间被大大压缩；农民进入城市就业市场遭遇技术门槛和服务性就业岗位饱和双重困境。第三个需要关注的是城乡融合背景下乡村文化传承与提升承受双重压力。传统文化的保护与现代文明的积极传导，构成了乡村文化振兴不可或缺的双轮驱动力。但是，在数字化和全球化的双重背景下，城市文化的外溢不断侵蚀着乡村传统文化的独立性和生存空间；文化发展的同质化不断冲击着乡土文化的多元价值和个性特点。乡土文化的衰落是城镇化进程中最为深刻的社会变迁，不加区别地简单复古和把传统风俗习惯一概视为陈规陋习或封建迷信这两种情况都在加速乡村文化的衰落。土特产经济作为农民增收的重要载体，也作为乡土文化的重要容器，亟须在相关方面有所作为。

要关注农业农村现代化的相关路径。首先，要以大食物观为指引，突破传统食物概念框架，扩大食物多元供给范围，突破耕地资源限制，拓展食物多元供给途径，满足人民群众美好生活需要，提高食物供给质量，倡导绿色生产方式，保证食物多元供给的可持续性。土特产经济在这些领域中都能大展身手。其次，要以建立农业装备区域性社会化服务体系为抓手，推进小农户与前沿科技要素、现代装备有机衔接，扩大社会化服务规模，提高农业技术装备规模和信息化水平，从而弥补耕地规模相对较小的先天性局限。这是我国农业农村现代化的客观要求。再次，要以农民最紧迫的需求为导向，建立以农民为中心的供给决策机制，畅通农民对公共服务需求的表达渠道，简政放权释放乡村组织活力。这几点内容不只对乡村治理有意义，对土特产经济发展也极具现实意义。从次，要以留住乡愁为前提。一方水土塑造一方人心，一方水土也塑造一方土特产，土特产在很大程度上承载着地方的乡愁。为此，要在吸收现代文明元素基础上赋予农耕文明以新的生命力，兼顾传统农耕文化记忆和自然生态之美，强化传统节日与习俗的载体功能，适度融入现代创意与科技元素，整合乡村文化与现代教育，推动乡愁和土特产产品、土特产场景融合发展。最后，要以"强县城"为基本战略，充分发挥县城连接城市、服务乡村的作用，推动"中心城市-县城-乡村"在生产、生活、生态上的功能衔接互补，发展具有县域地方特色的支柱产业和优势产业，促进县域产业逐步高端化、特色化，加快县域产业结构升级和转型发展步伐，着力促进产业链优化、创新驱动和转型升级，打通农业向二、三产业转型的渠道，引导农业产业向深加工、品牌化方向发展，塑造区域特色鲜明、经济效益显著的县域产业发展新格局。这些也都是土特产经济发展需要关注的事项。

　　以上三方面内容，在本书中或多或少地也有所提及，希望作者在未来能够进一步加以重视并进行研究和探索。总的来看，本书反映了相关趋势，提出了相应措施，总结和归纳了一系列具有创新性的观点，是一本值得阅读和推介也值得进一步深入研究的著作。同时，期待作者早日推出《特产力量 2.0》。

陈文胜

中国农村发展学会副会长

乡村治理专委会主任

新质生产力需要关注的新方向

读罢赵光远所著《新质生产力与土特产经济》一书，我总结了其中几个颇有趣的问题，并围绕这几个问题，以《新质生产力需要关注的新方向》为标题写了这篇文字，以应作者之邀，为序。

一是关于土特产经济的属性问题。本书从不同侧面指出，土特产经济是"最接地气"的产业体系、"最为普遍"的创业领域、"最具特色"的文化标识、"最佳生态"的突出体现、"最能共鸣"的合作领域，土特产经济是群众经济等，体现了作者具有以人民为中心的学术情怀，能够站在人民立场上观察和思考土特产经济。土特产经济确实如此，随着人们收入水平的提升和生产技术条件的改善，大多数人都成了土特产的消费者，土特产经济已经成为老百姓身边的经济。从葱姜蒜、花椒到土豆、辣椒，从火烧、烤鸭到枸杞、木耳、人参，从螺蛳粉、臭豆腐到老陈醋、龙井茶、茅台酒，等等，我们其实生活在一个由土特产组成的经济体系中，甚至于我们日常使用的主粮也都是这样那样的土特产。关注到土特产经济的属性问题，进而关注到土特产经济发展的规律性问题，由此再引申到新质生产力赋能土特产经济发展的问题，是作者创作本书的逻辑所在。这也提醒我们，研究新质生产力更需要关注我们身边的事情，毕竟新质生产力最终还是会决定性地影响我们的生产生活生态的。

二是关于数字的土特产化的问题。本书指出，在新质生产力作用下，要兼顾土特产数字化和数字土特产化两个进程。尽管论述不多，但亦颇具新意。从产业数字化和数字产业化这两个概念引申而来，从当前数字经济发展的实际看，数字土特产化也确实是一个趋势。我们要把数字（数据）当成一种土特产资源，一种融合了文化资源、生态资源、产业资源特性的新型土特产资源，在保护中进行利用和开发。在过程上，也许要先将数字（数据）资源化，然后经过历史的沉淀和人文的赋能，自然而然地，数字（数据）会在未来的回望中成为一种土特产。同时，我们也要问一下，为什么14亿多人生产生活形成的数据仅仅是生产要素呢？为什么14亿多人生产生活形成的数据不能成为土特产呢？也许，成了土特产的数据才能真正成为生产要素（生产资料）。这是我个人的理解，希望能给作者启发，也希望研究新质生产力的读者们能够研究一下这个问题。

三是关于新质生产力赋能的问题。从本书的书名中可以看出来，作者研究的对象是新质生产力赋能土特产经济发展问题，而不是培育壮大土特产经济新质生产力问题。这是从生产力的发展规律出发研究的视角。先进的生产力大多是以点状出现的，然后按照辐射扩散的方式逐步发展。工业化时代也好，信息化时代也好，生产力即便不是在最后才辐射到土特产领域，也是在比较靠后的环节上才辐射到的。新质生产力时代还会如此吗？作者认为，新质生产力的人民性和土特产经济的群众性会改变新质生产力向土特产经济的辐射扩散趋势，甚至可能会优先赋能土特产经济。我认为这是可能的，因为两者有诸多的契合点，关键在于基层的管理者、实践者是否能够把握住新质生产力的人民性和土特产经济的群众性特征。如果仍然只是供给主义、只是生产理念，那么这种可能性是会显著降低的。

四是关于三只手共同发力的问题。本书提出要"探索三只手有效协同共兴土特产经济"，即通过数字技术的精准性、融合性、即时性等特征，打造出协调政府有形之手和市场无形之手发挥作用的第三只手——智慧协调之手，形成三只手调控土特产经济发展的新局面。从近年来各地推进先进生产力的实践以及发展土特产经济的实践看，政府越位、市场缺位、政绩冲动、不顾规律等情况屡有发生，一些大工程、大项目最后成了地方财政的负担，且让很多市场主体和群众背上了债务包袱。这些情况在很大程度上是由于两只手的动作不协调造成的，也是由于两只手的资源不协调造成的。改变这种不协调是进一步全面深化改革的重要内容和重要目标，尊重市场、尊重群众是改变这种不协调的基本方略，用好智慧协调这第三只手则是改变这种不协调的重要手段。多思考不好的情况、多模拟不良的后果、多听听负面的声音，是改变这种不协调的关键。

当然，本书中还提出了很多有趣的观点，如用"绣花"功夫推动土特产经济发展、人人都是新质生产力等，这里不再一一阐述。整体而言，本书提出了新质生产力赋能土特产经济发展的总体框架、基本逻辑和相应措施，能够为土特产经济发展，也能够为新质生产力的进一步壮大提供相应助力和理论启迪。总的来看，本书是一本值得阅读、推介和引发思考的著作。同时，期待如作者后记所言，能够早日看到《特产力量 2.0》。

张士运

中国科学学与科技政策研究会常务理事

创业创新专业委员会主任

前　言

　　不论是新质生产力，还是土特产经济，都是中国式现代化的重要组成部分，都是中国人民追求共同富裕的重要抓手。对于更多的普通群众和基层劳动者而言，新质生产力概念可能过于抽象，土特产经济系统可能过于复杂，但这并不妨碍人们对土特产产品的消费、对土特产电商网络的使用、对土特产商家提出更高品质的要求，以及进一步对数字场景和信息网络、基础设施和快递速度、特色体验和乡村旅游等提出各种各样的新诉求。在买家和卖家的议价中、在企业和政府的沟通中、在创新和传统的融合中，新质生产力相关要素正在逐步渗透、融入土特产经济的基因中。可以说，这是个历史发展过程，也是生产力发展促进社会全面进步的过程，更是在中国式现代化进程中必须加以关注的过程。试图关注并解释这个过程，可以说是本书创作的一个重要动因。在具体创造本书的过程中，笔者又对土特产经济、新质生产力以及中国式现代化等关系有了新的思考、新的理解和新的发现，并将其梳理归拢为五方面内容，以之为本书前言。

一、为什么要研究土特产经济

从一般意义上看，"土特产经济"是围绕土特产的生产经营活动进行资源配置的系统的总称，而土特产是指来源于特定区域、品质优异的农林产品或加工产品，是某地特有的或特别著名的产品。近年来，我国学者已经充分地研究和论证了土特产经济在乡村振兴、共同富裕、农业农村现代化等进程中的理论逻辑、作用机制、实践路径等内容，并且助力了土特产经济的基层实践和政策创新。那么，为什么还要研究土特产经济呢？一方面，如书内所述，土特产经济是"最接地气"的产业体系、"最为普遍"的创业领域、"最具特色"的文化标识、"最佳生态"的突出体现、"最能共鸣"的合作领域，是中国式现代化的重要组成部分，是最能体现"因地制宜发展新质生产力"这一原则的领域。另一方面，土特产经济也是与马克思主义中国化、时代化能够最好结合的领域，也可以说发展好土特产经济是"六个必须坚持"方法论的集中呈现，其中"土"反映了人民至上和自信自立，"特"反映了守正创新和问题导向，"产"反映了系统观念和胸怀天下。可以说，土特产经济是人民群众自发形成的经济体系，是扎根中国社会形成的经济体系，是人民群众最有感情、最能做好、最愿意做好的经济体系。2024 年 9 月 28 日，笔者有幸参加了一个主题为"新时代人文经济学和东北全面振兴"的研讨会，也感觉到土特产经济恰恰是新时代人文经济学最应该重视的内容，土特产中的中国恰恰是人文的中国。从未来发展看，在一定程度上，研究好、布局好、发展好土特产经济，让不同地区的土特产能够以最优的品质和最佳的速度流动起来、协同起来、融合起来，全国统一大市场就建设起来了，新质生产力赋能就深入起来了，中国式现代化就深入到田间地头、山林河湖各个角落了。

二、人类命运共同体与土特产经济

土特产经济并非中国所独有。不论是富裕国家还是贫穷国家，每个地方的人民群众都和当地的土特产经济紧密相连。在全球化浪潮席卷下和跨境电子商务的普及下，不同地方的人在未曾相遇之前，品尝过其他地区的土特产，已经是一件较为寻常之事。喜欢一个国家的土特产就会在潜意识里对这个国家的人民、文化产生好感，就会在有机会与这个国家的人接触的时候情不自禁地谈论起相关土特产，让其他国家的人愿意与之交流。而人类之共同命运往往就潜藏在这样的交流之中，这就是土特产跨国流动的魅力，也是全球土特产经济的使命。回顾历史，人们最初的"以物易物"中的"物"大多数是土特产，物物相易推动了人与人、部落与部落之间的融合发展；在宗主国与藩属国之间的朝贡体系中，土特产也扮演了极为重要的角色；在近现代全球贸易体系下，土特产已经成为大多数国家具有绝对比较优势的出口商品；在当下以及未来发展中，土特产还会在国家之间、民族之间充当重要的桥梁纽带作用。而围绕土特产形成的土特产经济，无疑会使土特产产品功能更加完善、更加持续、更能满足人的发展需要，并进而成为人类命运共同体的重要支撑力量。尽管本书中并未涉及全球土特产经济的相关内容，但这并不意味着这一内容并不重要。笔者在完成本书的过程中反而认为，全球土特产经济应该予以单独论述方能彰显其重要意义。本书的研究重在考虑新质生产力对土特产经济之影响，可以作为研究全球土特产经济的一项基础工作。同时，笔者也希望能够尽快看到研究全球土特产经济的扛鼎之作，以此为人类命运共同体之建设贡献一定力量。

三、几个基本概念和笔者的再思考

本书所涉及的基本概念包括新质生产力、土特产经济、中国式现代化等，并着力在推进中国式现代化背景下探讨新质生产力与土特产经济之间的关系。其中，新质生产力是创新起主导作用，摆脱传统经济增长方式、生产力发展路径，具有高科技、高效能、高质量特征，符合新发展理念的先进生产力质态。它由技术革命性突破、生产要素创新性配置、产业深度转型升级而催生，以劳动者、劳动资料、劳动对象及其优化组合的跃升为基本内涵，以全要素生产率大幅提升为核心标志，特点是创新，关键在质优，本质是生产力。新质生产力的主要特点有：

（1）大力推进科技创新。以科技创新催生新产业、新模式、新动能，是发展新质生产力的核心要素。（2）以科技创新推动产业创新。将科技成果转化为现实生产力的表现形式为催生新产业、推动产业深度转型升级。（3）着力推进发展方式创新。绿色发展是高质量发展的底色，新质生产力本身就是绿色生产力。（4）扎实推进体制机制创新。生产关系必须与生产力发展要求相适应。发展新质生产力，必须进一步全面深化改革，形成与之相适应的新型生产关系。新质生产力是政府"有形之手"和市场"无形之手"共同培育和驱动形成的。（5）深化人才工作机制创新。要按照发展新质生产力要求，畅通教育、科技、人才的良性循环，完善人才培养、引进、使用、合理流动的工作机制。在此基础上，本书认为新质生产力是人民之力、科技之力、绿色之力、实践之力和改革之力的综合集成，是推动中国式现代化的最强动力。

　　土特产经济是围绕土特产的生产经营活动进行资源配置的系统的总称。在当前全球经济一体化和全国统一大市场建设的背景下，土特产经济已经成为我国农村经济发展的重要支柱，也是推动乡村振兴、促进地方经济发展的重要资源。土特产经济的主要特点是地域性和道地性、专有性和独特性、商品性和价值性，以及系统性和协同性。在此基础上，本书认为土特产经济不同于土特产及其产业，其更具有综合性、全面性和资源配置性的特征；同时土特产经济是群众经济、绿色经济、实践经济，与新质生产力具有多方面的相似性，能够与新质生产力协同发展，也能够在新质生产力的赋能下实现跨越式发展。

中国式现代化是率先发生在中国领土范围内的、与中国国情紧密结合的、具有中国特色的现代化。按照党的二十大报告，中国式现代化是中国共产党领导的社会主义现代化，既有各国现代化的共同特征，更有基于自己国情的中国特色。具体内容包括：中国式现代化是人口规模巨大的现代化，是全体人民共同富裕的现代化，是物质文明和精神文明相协调的现代化，是人与自然和谐共生的现代化，是走和平发展道路的现代化。中国式现代化的本质要求是坚持中国共产党领导，坚持中国特色社会主义，实现高质量发展，发展全过程人民民主，丰富人民精神世界，实现全体人民共同富裕，促进人与自然和谐共生，推动构建人类命运共同体，创造人类文明新形态。而"六个必须坚持"（必须坚持人民至上，必须坚持自信自立，必须坚持守正创新，必须坚持问题导向，必须坚持系统观念，必须坚持胸怀天下）是中国式现代化形成的世界观和方法论基础，是中国式现代化定义、内涵以及任务体系的深层逻辑。这也是本书中所采用的方法论体系。

四、本书的基本框架、方法与结论

本书除前言外包括六章内容，以实践总结、演绎归纳、逻辑推理为主要研究方法，基于从现象到本质、从现状到未

来、从逻辑到出路的思路进行了研究和总结。其中，第一章
（从"小土豆"看到土特产经济）内容从"小土豆"这一热
门词语出发，对土特产经济的现状进行了描述，并指出"新
质生产力赋能土特产经济时代"已经来临。第二章（土特产
经济正处于关键窗口期）在对土特产经济概念和有关文献
分析的基础上，从"史"与"今"、"土"与"新"、"特"与
"普"、"产"与"销"、"忆"与"创"五个方面进行了进一步
分析，并指出我国土特产经济在信息化和数字化的推动下实
现了快速发展，但也存在着整体发展水平不足、地区之间差
距仍大等问题，并认为土特产经济现状及问题、其与信息化
数字化融合不彻底、土特产经济未来发展趋势三个因素决定
了土特产经济目前正处于转型升级关键窗口期。第三章（新
质生产力离土特产有多远）指出，从实践看，新质生产力一
直在培育壮大中，其对土特产经济的影响一直在强化，继续
深化和壮大的新质生产力将成为破解土特产经济高质量发展
三问的唯一路径，而只要解放思想、解放自己，每个人都可
能成为土特产经济新质生产力的一分子。第四章（新质生产
力优先赋能土特产之逻辑）解释了为什么新质生产力要优先
赋能土特产经济以及其赋能的五个维度，即理念维度、空间
维度、时间维度、对象维度和系统维度，为下一章进一步提
出赋能路径捋清相关思路。第五章（新质生产力赋能土特产
经济之路径）从宏观、中观、微观三个层面以及三个主要路
径等方面对新质生产力赋能土特产经济的要点进行了阐述。

第六章（乏力开创土特产经济全新局面）对本书的研究内容
进行了总结，提出了一个核心结论和五个重要结论，归纳了
土特产经济发展的四条规律和新质生产力赋能的四个特征，
提出了关于新质生产力赋能土特产经济发展的五点倡议，就
打造土特产经济的"三产三景"新架构进行了框架式的阐
述，以作为本书提出的相关建议。

五、关于土特产经济发展的五点倡议

本书提出的五点倡议：一是要推进新质生产力优先赋能土
特产经济。这是在农业农村发展中由土特产经济的普遍性、多
样性、长期性、根植性和群众性决定的。二是推动农业领域大
众商品土特产化发展。这是由新质生产力赋能农业领域专精化
趋势决定的，要兼顾强化土特产特殊性和大众商品的土特性。
三是要支持生产者、消费者、管理者、服务者、评价者五类人
群联筑新质生产力共同体，走好群众路线，让各个方面参与者
都能成为土特产经济发展的积极力量。四是探索"三只手"有
效协同共兴土特产经济，围绕政府有形之手和市场无形之手作
用的协同，打造智慧协调之手，形成"三只手"调控土特产经
济发展的新局面。这是由新质生产力的属性决定的，也是未来
发展的重要趋势。五是精准打造土特产经济"三产三景"新架
构，要把握产业上的新形态和生态上的新重点，以命运共同体
的思维让新质生产力发挥更大作用。

目 录

CONTENTS

3

第三章
新质生产力离土特产有多远

4

第四章
新质生产力优先赋能土特产之逻辑

5

第五章
新质生产力赋能土特产经济之路径

第六章
全力开创土特产经济新局面

第一章

从"小土豆"看到土特产经济

　　2023 年 9 月 7 日，新质生产力的概念在哈尔滨这座城市诞生；3 个多月后，在 2024 年元旦期间哈尔滨又实现了冰雪旅游新场景的打造和新行情火爆，这不禁让人联想是不是新质生产力在这一波冰雪旅游中发挥了决定性作用。而在这波冰雪旅游行情中，"小土豆"一词横空出世，很多人都想来当一波"小土豆"，感受"尔滨"的热情，进而"小土豆"还带火了"砂糖橘""小菌主""小人参"等基于地方特产的人群新昵称，引发了一波土特产代言地域名称的热潮。在这一过程中，从新质生产力到冰雪旅游新场景、从"小土豆"称呼再到不断认识不同地域的土特产，很多看似没有联系的因素结合到一起来，呈现出了新质生产力时代的新变化和土特产经济发展的新场景。

第一节

爆火的"小土豆"，呈现出"新生力"

　　"小土豆"火出圈，既是偶然又是必然，是生产力升级的一种体现，是全国文化交融的一种体现，是中国新时代新风尚的一种体现。

一、"大冰雪"带火"小土豆"

众所周知，小土豆就是小一点的土豆（也就是马铃薯的块状茎），是一种非常普遍的食物，是世界上许多国家重要的食物品种之一，被列入七种主要粮食作物，地位仅次于水稻、玉米和小麦。其适应性强、营养丰富，口感甜美，具有很多种食用方法，深受世界各国人民喜爱（如图1-1）。可以说，"小土豆"这个词能够爆火并成为现象级传播符号，与小土豆的自然属性是分不开的。有资料显示，2024年年初爆火的"小土豆"这个称呼最初起源于一个南方口音男子拍摄的小视频。他手持小土豆介绍称"这就是南方的小土

图 1-1 小土豆的一般形象

豆，特别好吃"。随后，这个称呼被一些从中国南方到东北地区旅游的游客用作自称。这种跨越地理的新鲜体验引发了很多人的共情和共鸣。据搜索引擎检索显示，2023 年 11 月 13 日，某女生第一次在平台上贴标签自称小土豆，在之后的一个月里，这股自贴标签的浪潮席卷到了其他平台。进而东北本地人也开始用"小土豆"来称呼这些前来旅游的南方客人，用一种幽默、亲昵和热情的方式来体现南方游客就像小土豆一样营养丰富、味道鲜美。被东北本地人识别为"南方小土豆"的游客，能够获得一场"被宠上天"的东北之旅。继而，"小土豆"成为网络热词，甚至升级为"马铃薯公主""小金豆"等称呼。百度热度指数显示，2023 年 12 月 24 日前，"南方小土豆"搜索指数、资讯指数均为 0，但自 25 日开始不断大幅上升。截至 2024 年 1 月 3 日，当天搜索指数为 23 341、资讯指数为 2 173 331；30 天平均搜索指数为 3144、30 天平均资讯指数为 5 007 783；截至 2024 年 1 月 17 日，30 天平均搜索指数为 7868、30 天平均资讯指数为 9 901 882，其中峰值出现在 1 月 4 日，1 月 4 日当天搜索指数为 25 883、资讯指数为 30 661 356。尽管社会舆论对"小土豆"这个称呼具有一定争议，但是否认不了"小土豆"的爆火是一个客观事实。从客观性和必然性上看，这个现象反映出当代年轻人对于情感释放和心灵治愈的需求。在工作、生活节奏日益加快的今天，人们渴望找到一个可以放松身心、释放情感的方式，渴望能够像小土豆一样被呵护被宠爱。这是人们在经济社会发展过程中的一种必然追求，也是以人民为中心、强化人文关怀这一理念的重要体现。

二、"小土豆"下的"新生力"

在"小土豆"摆脱了传统含义后，在新媒体的助力下实现了"标签化""内涵化""群体化"，呈现出一种属于新时代的"新生力"，展现了一种未来发展新导向。"小土豆"成为"新标签"。随着"小土豆"在社交媒体上的广泛传播，这一词语逐渐成了南方到东北旅游的新标签。它不仅代表了南方游客在东北的独特旅游体验，还成了东北旅游特色的一种象征，增强了南方游客对东北旅游的认同感和归属感，也进一步提升了东北旅游的品牌形象和知名度。"小土豆"具有"新内涵"。"小土豆"成了一种可爱、亲切、接地气的文化符号。这种转变，呈现出了以土特产代替特定区域人群的新含义，也展现了赋予普通事物可爱内涵的另一面。这种可爱文化的诠释，不仅让"小土豆"这一词语更加生动有趣，也进一步丰富了旅游文化的内涵。"小土豆"标志"新群体"。随着"小土豆"的走红，一批以土特产形象进行代言的新人群也逐渐崛起。他们或穿着具有地方特色的服装，或手持当地的土特产，以亲切、可爱的形象出现在社交媒体上，为当地的旅游和土特产进行宣传，如"砂糖橘""小菌主"等。这些新人群的出现，不仅为当地的旅游和土特产带来了更多的关注和销量，也进一步推动了旅游文化的传播和发展。"小土豆"开创"新未来"。"小土豆"这一现象的走红，不仅呈现出了消费认知的新变化，也展现出了新质生产力下社会发展的一种新可能。它表明消费者对于旅游和文化的认知已经发生了深刻的变化。消费者更加注重旅游的体验感和文化的独特性，也展示了在新质生产力背景下，运用网络和社交媒体等新媒体手段，可以更加有效地推动旅游和文化的发展，为社会的经济发展和文化繁荣带来新的机遇和挑战。同时，与"小土豆"相对应的"大地瓜"等称呼也曾短暂流行。东北旅游中对于"小土豆"和"大地瓜"的差异性体验，特别是有些直播视频体现出来的搞笑效果，也更进一步地强化了"小土豆"的"新生力"。

三、"小土豆"下的"新关怀"

"小土豆"现象的背后具有丰富的人文价值，体现在我国传统文化与当代需求的紧密结合上。一是"小土豆"现象是中华文化的深化与创意展现。"小土豆"这一称谓，初听似乎只是网友们的一种戏谑或自嘲，但深入探究，我们会发现它其实是一种文化创意的巧妙运用。在中华文化中，土豆虽然普通，却承载着勤劳、朴实、坚韧的象征意义。将这一形象与南方人相结合，不仅展现了南方人的性格特质，更在无形中深化了对中华文化的理解和表达。这种创意并非凭空而来，而是建立在深厚的文化底蕴基础上，通过现代网络语言的创新运用而产生的。它以一种轻松幽默的方式，让人们重新审视和感受中华文化的博大精深。二是"小土豆"现象体现了文化融合的共识。在中国这样一个多民族、多地域的国家里，文化差异是客观存在的。然而，"小土豆"这一称谓却能够跨越地域和文化的界限，成为各地人们共同接受和喜爱的符号。这背后反映的正是人们对文化融合的渴望和追求。通过"小土豆"这一桥梁，不同地区、不同文化背景的人们找到了共同点，形成了文化上的共鸣。这种共鸣不仅有助于增进相互理解和尊重，更为文化的交流与融合奠定了坚实基础。三是"小土豆"现象是当代可爱文化以及青年一代内心想法的追求与表达。在现代社会中，可爱文化逐渐成为一种流行趋势。而"小土豆"现象正是这种可爱文化的生动表达。这个称呼中的"小"字，不仅指代体积上的小巧玲珑，更蕴含了一种亲切、温馨的情感色彩。人们通过称呼"小土豆"，传达了对南方人的喜爱和宠溺之情。同时，这种对可爱文化的追求也体现了现代人对生活情趣的向往和追求。在快节奏、高压力的现代生活中，人们渴望通过轻松、有趣的方式来调节心情、缓解压力，"小土豆"现象正好满足了这一需求。四是"小土豆"现象也是对小众文化的探索与发扬。在网络时代，信息的传播速度极快，各种文化现象层出不穷。然而，能够像"小土豆"这样深入人心、广受欢迎的文化现象却并不多见。这其中一个重要原因就在于它成功地挖掘并发扬了小众文化的魅力。通过网络的传播力量,"小土豆"这一小众文化符号得以迅速扩散,并引发了广泛的关注和讨论。这不仅为小众文化的发展提供了有力支持,也为文化的多样性和包容性注入了新的活力。当我们利用 AI 工具生成一张小土豆的图片时,你会发现小土豆被简单加工后就能成为一个很好的卡通形象(如图 1-2),简单、可爱、包容、朴实、生态,让人感到放松,这就是小土豆给人的最佳关怀。

图 1-2　借助 AI 工具生成的小土豆卡通形象

四、"小土豆"下的"土特产"

"小土豆"现象也昭示了土特产产品的时代价值和文化价值,深刻地反映了土特产与区域文化之间的紧密联系和共生性。一是土特产与区域文化的相互映衬。"小土豆"作为南方地区的一种特色农产品，实际上成了该地区的一个文化符号。它不仅仅是一种食物，更承载了南方地区独特的农业文化和饮食传统。人们在提及"小土豆"时，往往会联想到南方的农田、农民的辛勤耕耘以及丰富的农产品，这些都是区域文化的重要组成部分。二是土特产作为区域文化的传播媒介十分重要。"小土豆"现象的流行，使得更多的人开始关注和了解各地的农业文化和饮食文化，这种关注进而转化为对各地土特产和文化的探索欲望。通过"小土豆"这一窗口，不同地方的区域文化得以更广泛地传播，吸引了更多的游客和消费者，从而促进了当地经济和文化的发展。三是区域文化对土特产的增值作用。由于"小土豆"与南方文化紧密相连，使得这一普通的农产品具有了更高的文化附加值。人们在购买和消费"小土豆"时，不仅是在购买一种食物，更是在体验一种文化。这种文化附加值提升了"小土豆"的市场竞争力，使其在众多农产品中脱颖而出，成了消费者喜爱的特色食品。四是土特产与区域文化的共生性带来了综合效益。"小土豆"现象的流行，不仅提升了土特产的知名度，也为当地带来了显著的经济效益。随着销量的增加，农民的收入得到了提高，相关产业链也得到了进一步的发展。同时，这种现象也促进了区域文化的传承和发展。更多的人开始关注和保护当地的传统文化，使这些文化得以更好地传承下去。

第二节

处处是"土特产"，人人是"带货者"

让我们从"小土豆"的个案中走出来，看看电商平台，看看夜市大集，对于世界各地的土特产我们都已经不像从前那样陌生。随着商贸的密切、交通的改善和信息的畅通，遍布于世界的每一个角落的土特产，都离我们不再遥远。无论是城市还是乡村、江南还是塞北、平原还是山地、河海还是沙漠、天空还是地底，甚至国内国外……都是如此！

一、处处是土特产

天上飞的、水里游的、山上长的、地里种的……在中华大地5000余年的发展中，小到昆虫大到鸟兽，甜到蜂蜜苦到药草，可以说处处都有土特产。

城市有特产，乡村有特产。在城市中，我们可以品尝到各种精致的糕点、小吃和特色菜肴，如北京的烤鸭、上海的月饼、广州的早茶等。这些城市特产不仅满足了市民的味蕾，也成了城市文化的一部分。而在乡村，土特产则更加贴近自然和原始，如农家自养的土鸡、自种的蔬菜、手工制作的豆制品等。这些乡村特产以其新鲜、健康、纯正的特点，受到了越来越多消费者的喜爱。

江南有特产，塞北有特产。江南水乡以其丰富的水资源和独特的地理环境，孕育出了许多特有的水产品，如阳澄湖大闸蟹、太湖白虾等。这些水产品以其鲜美的口感和独特的营养价值，成了江南地区的代表性特产。而塞北地区，则以其干旱、寒冷的气候条件，孕育出了如内蒙古的羊肉、宁夏的枸杞等特有的土特产。这些塞北特产以其独特的口感和滋补功效，受到了广大消费者的青睐。

平原有特产，山地有特产。平原地区以其肥沃的土壤和适宜的气候条件，成了农作物和畜牧业的天堂。如东北的大米、华北的小麦、长江中下游的油菜等，都是平原地区的代表性特产。而山地地区，则以其独特的地理环境和气候条件，孕育出了如云南的野生菌、贵州的辣椒、陕西的苹果等特有的土特产。这些山地特产以其独特的口感和营养价值，成了市场上的抢手货。

河海有特产，沙漠有特产。河海地区以其丰富的水资源和独特的生态环境，孕育出了许多特有的水产品，如黄河的鲤鱼、长江的鲈鱼、渤海的扇贝等。这些水产品以其鲜美的口感和独特的营养价值，成了河海地区的代表性特产。而沙漠地区，则以其干旱、贫瘠的环境条件，孕育出了如新疆的哈密瓜、甘肃的葡萄等特有的土特产。这些沙漠特产以其独特的口感和适应性强的特点，成了市场上的珍稀品。

天空有特产，地底有特产。无论是天空还是地底，都有着独特的特产，这些特产与当地的自然环境、地质条件等密切相关，是人类探索自然、利用自然的结晶。在天空，有很多鸟类和昆虫特产，有的能够观赏，有的能够食用，如山鹧鸪、褐马鸡、中华蜜蜂、金斑喙凤蝶等。在地底，特产则更加丰富多样，如各种矿石、宝石等，中国的和田玉就是地底特产的代表之一。它以其独特的质地、色泽和纹理而备受珍视，是中国传统的名贵玉石之一。同时，还有很多药材类特产也都藏在土地里面。

国内有特产，国外有特产。在国内，每个地方都有其独特的土特产，如四川的火锅底料、湖南的剁椒鱼头、浙江的龙井茶等。这些国内特产以其独特的风味和文化内涵，成了中国区域文化的重要组成部分。而在国外，同样也有许多独特的土特产，如法国的葡萄酒、意大利的比萨、泰国的香米等。这些国外特产以其独特的口感和异国风情，受到了全球消费者的喜爱和追捧。

二、人人是"带货者"

谈到处处都是"土特产"，就离不开人人都是"带货者"。在当前时代背景下，在土特产经济发展中，人人都具有成为"带货者"的可能，具有成为"带货者"的天赋，甚至于有的人在不知不觉中就充当了"带货者"的角色。

旅游的人是"带货者"。旅游者在游览过程中，不仅体验了异地的风土人情，还常常会被当地的土特产所吸引。他们购买土特产作为纪念品或礼物，带回家乡与家人、朋友分享，从而成了土特产的"带货者"，将地方特色带到了更远的地方。如到大理或者丽江时，人们非常容易被当地特色手工艺品和少数民族（白族、纳西族等）美食所吸引，购买一些当地的刺绣产品、鲜花饼或者粑粑等作为纪念品，是一件极为寻常之事。回到家乡或者单位，每个人都可以向亲朋、好友、同事等展示和推荐。这时候每个游客都可能成为大理或丽江土特产的"带货者"。

网购的人是"带货者"。随着电子商务的普及，网购已经成为人们购物的主要方式之一。消费者在网购平台上浏览时，会被各种土特产的独特魅力和地方特色所吸引，进而购买并分享给身边的人。这样，网购者就成了土特产的"带货者"，将商品推广到了更广泛的消费者群体。以身处中国东北的笔者为例，通过网络购物，笔者很容易品尝到来自海南、云南甚至马来西亚的咖啡、椰粉以及热带水果，购买到来自四川、贵州、湖南等地的辣酱、腊肉以及相应特色调味料。而在与身边的人分享购物经验心得的过程中，网购的人不知不觉地就成了相关土特产的"带货者"。

出差的人是"带货者"。出差人员在外出办公时，也有机会接触到当地的土特产。他们可能会因为工作需要或个人兴趣而购买土特产，作为礼物或自用。这样，出差人员就成了土特产的"带货者"，将商品带到了更广泛的社交圈和商务场合。比如人们到浙江或者福建等地出差，在与当地客户的交流中极易接触到当地的特色茶叶。不论是龙井茶还是铁观音，都会使出差的人品尝到不同的味道。若他们有机会带一些这样的特产以及当地喝茶的文化回到自己所在的城市或者单位，就可以向同事和合作伙伴进行分享，并进而成为相关产品的"带货者"。到国外出差的人，若带一些巧克力、特色香肠、特色调味料等回来，也有这种效果。

逛街的人是"带货者"。逛街是人们日常生活中常见的购物方式。消费者在商场、步行街或集市上闲逛时，偶尔也会被各种土特产所吸引，进而购买并推荐给身边的人。这样，逛街的人就成了土特产的"带货者"，将商品带到了更多的消费者手中。特别是在一些大城市的步行街上，人们不知道什么时候就能淘到自己喜欢的土特产，特别是一些能够引起特殊感觉的工艺品类土特产往往都藏在一些街边的小店中。还有很多女生在城市步行街逛街购物时，经常能在一些小店中发现属于自己的惊喜，并进而推荐给身边的朋友和家人，因此成了相关产品的"带货者"。

直播的人是"带货者"。近年来，直播带货已经成为一种新的销售模式。主播通过直播平台向观众展示土特产，并引导观众进行购买。在这个过程中，主播就成了土特产的"带货者"，他们利用自己的影响力和粉丝基础，将土特产推广到了更广泛的受众面前。某知名主播曾在一次直播中，向观众介绍了来自陕西的特产——富平柿饼。她通过现场试吃和详细介绍，让观众感受到了柿饼的软糯香甜和独特风味。

直播期间，富平柿饼的销量大增，该主播也因此成了这款土特产的"带货者"。

公务人员是"带货者"。公务人员在推动地方经济发展、促进文化交流等方面也扮演着重要角色。他们可能会通过公务活动、招商引资等方式，向外界介绍和推广当地的土特产。这样，公务人员就成了土特产的"带货者"。他们利用自己的职务、社会网络和影响力，为土特产的推广和销售提供了有力支持。如湖北省恩施州州长曾多次通过直播带货的方式，向全国网友推介恩施州的特色农产品，亲自试吃并讲解产品的特点和优势，吸引了大量网友的关注和购买。这种行为不仅带动了当地农产品的销售，还提升了恩施州的知名度和美誉度，成了名副其实的"带货"行为。在脱贫攻坚过程中，很多基层公务人员的"带货"也推广了很多曾经鲜为人知的土特产。

求学的人是"带货者"。求学的人在外地求学过程中，也会接触到当地的土特产。他们可能会因为对当地文化的兴趣或想与家乡的亲朋好友分享，而购买土特产并带回家。同样，他们也会带着自己家乡的土特产分享给同学老师，成了土特产的"带货者"。某位来自广西桂林、在北京求学的大学生，每当寒暑假返回家乡时，都会带上一些北京的特产如全聚德烤鸭、稻香村糕点等给家人和亲友品尝；同时他也会将家乡的桂林米粉、荔浦芋头等特产带回学校与同学们分享。通过这种方式，这位同学成了土特产的"带货者"。

生产的人是"带货者"。生产土特产的厂商和农户也是重要的"带货者"。他们通过生产高质量的土特产，并将其推广到市场上，让更多的消费者了解和购买。生产者的努力和创新是推动土特产经济发展的重要动力。他们通过不断改进生产工艺、提高产品质量和创新营销策略，将土特产带到了更广泛的消费者面前。有些果农通过学习使用社交媒体和电商平台进行营销，亲自拍摄苹果种植、采摘和包装的视频并上传至网络，向消费者展示苹果的生态种植过程和优良品质，还积极参加各类农产品展销会和网络直播带货活动，直接向消费者推销自己的苹果。类似这样的果农也是土特产的"带货者"。

第三节

路路是"游客多"，想的是"尝尝看"

"小土豆"的爆火以及"土特产"的热潮，都离不开大旅游、大消费这样的背景和人民群众观念"大转变"这样的前提。文化和旅游部的一项针对国内旅游的抽样调查显示，2024年上半年国内出游人次27.25亿（同比增长14.3%）、国内游客出游总花费2.73万亿元（同比增长19.0%）。回顾近年来人们出行的频率、范围以及消费能力，反思近年来人们消费习惯、投资习惯的不断调整，就能够理解为什么现在路路是"游客多"、景景是"人爆满",而这种场景变化已经成为"土特产经济"发展的基础性因素。

一、路路是"游客多"

高速路上"游客多"。随着高速公路网络的不断完善,越来越多的地区被纳入了高速路的覆盖范围内,许多著名的旅游景点都位于高速路沿线或附近,这使得游客在规划行程时更倾向于选择汽车作为出行方式。同时,私家车的普及与自驾游的兴起也让高速路"游客多"成为一种趋势。除了传统的旅游大巴,全国近3亿辆的私家车总规模也会驱动每天数十万辆私家车行驶在自驾游的路上。而到了节假日和旅游旺季,高速公路堵车的新闻更是一种常态。特别是一些旅游资源富集省份,高速路上有一半以上的车辆都是专业的游客或者间接的游客。而这些游客通过高速路边的广告牌匾、服务区里的产品展示等,自然会看到不同地区的土特产,成为土特产的潜在消费者。

城市路上"游客多"。近年来,伴随着人们旅游偏好的调整,伴随着各地对于发展旅游的重视,伴随着有关综艺节目、体育活动对于特色文化的挖掘,不仅大中城市继续承受着游客多的压力,很多中小城市、特色县城也得到了游客们的青睐。淄博、哈尔滨等都出现过游客蜂拥而至的现象,地方政府部门全面服务,努力解决住宿、餐饮等相关问题。很多小城市在旅游旺季也出现了接待能力不足情况，如榕江、延吉等。在大中小城市的马路上，行走的人群中游客比重日益增多，而且不同国家、不同区域、不同年龄的游客也日益增多。在游客来源多样化、多元化背景下，不同地方的土特产品，不管是在旅游商店，还是在常规市集，或者在路边摊贩，都有了更多的被人所知、被人所爱的可能。

乡间小路"游客多"。随着人们生活水平的提高，乡村旅游成了一种新的旅游趋势。同时，乡村道路以及各种景观的完善，乡村民宿标准的升级以及服务的提升，都吸引着越来越多的游客。大家愿意行走或者骑行在乡间小路上，感受乡村的宁静与美好，体验农业的文化与特色，欣赏生态的景致与独特。这是人类追求自然本性、本源体验的必然。在这一过程中，看到土特产的生长过程，体验土特产的生态魅力，融入土特产的民俗文化，已经成为很多游客的追求。一辆自行车、一支自拍杆、一条乡间路以及一个直播账号，这些不仅是对土特产的宣传，更是一种乡村旅游的体验。

水路空路"游客多"。水路和空路作为特殊的交通方式，也吸引了大量游客。一方面，水路和空路提供了与众不同的旅行体验，人们可以通过乘船或飞机欣赏到独特的风景，如海上日出、空中云海、三峡风光等；另一方面，水路和空路对于长途旅行来说往往更加便捷和高效，游客可以通过这两种方式快速到达目的地，节省时间和精力。近年来，远距离研学游、低空旅游、潜水旅游等业态，也增加了水路空路对游客的吸引力。在水路空路的交通工具上，还有一部分商务旅行、公务出差的人群。这部分人群虽然不能算是旅游者，但是在酒店住宿、差旅途中也都能见识、了解很多土特产品，为土特产经济发展提供有关助力。

"互联网路"游客多。互联网所营造的在线旅游，作为一种虚拟的交通路径，也呈现出了游客多的现象。包括在线旅游的兴起（游客可以通过互联网了解旅游信息、规划行程、购买旅游产品等），及虚拟旅游的创造（游客在家中通过电脑或手机欣赏世界各地的风景和文化、社交媒体的推广）。游客可以通过社交媒体分享或者得到旅游经历、照片和视频等……目前，不仅很多景点已经开发了网络产品，如云游故宫等，而且很多互联网旅游服务商也在基于人工智能相关技术进一步完善互联网旅游产品，如携程用户已经达到4亿人以上，相关服务已经拓展到全球主要国家。随着智慧城市和数字乡村建设渗透率越来越高，互联网旅游会成为实际旅游的重要补充，成为各地展示土特产品的重要渠道。

偏远山路"游客多"。偏远山路以其险峻的地形和独特的风景吸引了大量游客。一方面，随着旅游方式的多样化，越来越多的游客开始追求刺激和冒险。偏远山路作为探险旅游的重要选择吸引了大量游客，经常发生的"驴友"安全问题是这方面的一个证明；另一方面，偏远山路往往位于人迹罕至的地区，拥有独特的自然风光和生态环境，承载着丰富的历史与文化，如陈仓、子午谷等。这些景色与文化对于游客来说具有极大的吸引力。随着导航技术、信息技术的发展，越来越多的青年探险者愿意到这些偏远山路寻找自我。当然，这些偏远山路周边，往往是生态性土特产原产地，了解这些产品在很大程度上能够帮助探险旅游者。自然探险旅游圈子也成了土特产经济的重要阵地。

二、想的是"尝尝看"

游客群体正在呈现出前所未有的多样化与多元化特征，这一变化不仅体现在游客的年龄、性别、职业等基本属性上，更深刻地反映在他们的兴趣爱好、旅行目的以及消费习惯上。在这样的大背景下，土特产作为地方文化的重要载体，不仅承载着地域的历史记忆与风味特色，也成了连接游客与目的地情感的桥梁。越来越多的游客在旅途中，抱着"尝尝看"的心态，对土特产进行尝试。这一行为不仅为土特产经济的发展注入了新的活力，也从多个维度丰富了旅游体验的内涵。

"尝尝看"是体验特色的第一步。"尝尝看"，这一看似简单的行为，实则是游客深入体验旅游地特色的第一步。土特产作为地方文化的微观体现，往往蕴含着丰富的地域信息和独特的风味。比如，到四川旅游，不品尝地道的麻辣火锅或是一碗热腾腾的担担面，很难说真正体验到了四川的饮食文化。再如笔者对于鱼腥草（折耳根）的两次体验，也表现出了不同的感觉。这种"尝尝看"的心态，鼓励游客走出传统的观光游览模式，通过味蕾的探索，更加直观地感受一个地方的生活气息和文化底蕴。它不仅是满足好奇心的尝试，更是对旅游深度的一种追求。

"尝尝看"是旅游疲惫的心灵慰藉。长途旅行的疲惫，往往让游客渴望找到一种即时的放松和愉悦。此时，"尝尝"土特产便成了一种简单而有效的方式。一份香甜的糕点、一杯清凉的茶饮，或是街边小摊上热气腾腾的小吃，都能在短时间内给予游客心灵上的慰藉。这些食物不仅仅是味蕾的享受，更是一种情感的寄托，帮助游客在短暂的休息中恢复体力，重拾旅途的乐趣。例如，在江南水乡周庄，品尝一碗阿婆茶，不仅解乏提神，更能在茶香中感受到那份独有的宁静与闲适。同样，在广州喝一口道地的凉茶、在延吉来一碗香浓的大麦茶，或者在伦敦泡一杯当地的红茶，都能够让游客在特色体验中休息一下，让身心更好地融入当地的氛围中。

"尝尝看"是社交媒体的直播窗口。在社交媒体盛行的今天，"尝尝"土特产也成了一种新型的旅游直播方式。游客们通过拍照、录像或直播等形式，在朋友圈、微博、抖音等平台上分享自己的尝鲜体验，无形中成了地方文化的传播者。这种分享不仅仅是展示个人经历，更是一种文化的交流与传播，让未能亲临现场的朋友也能感受到旅游地的独特魅力。比如，一位游客在云南品尝了鲜花饼后，通过社交平台发布了自己的体验，不仅让朋友们了解到了这一特色美食，也可能激发更多人对云南旅游的兴趣。

"尝尝看"是勇于探索的味蕾冒险。对于一些游客而言，"尝尝看"更是一种勇于探索的表现，尤其是当他们尝试那些平时难得一见或是完全陌生的食物时。比如，北方游客到南方旅游，可能会品尝到"折耳根"（鱼腥草）这样的地方特色食材（如图1-3）。尽管初次尝试可能会有些不习惯，但这种独特的体验无疑加深了他们对南方饮食文化的理解和记忆。这种勇于尝试的精神，不仅拓宽了游客的视野，也促进了不同地域文化的交流与融合。

图 1-3　鱼腥草有关菜品

"尝尝看"是留下深刻的自我印象。"尝尝"土特产，往往也是游客为了给自己留下更深刻印象，证明自己曾到访某地的一种方式。在旅途中，人们总是希望通过各种方式记录下自己的足迹，而品尝并喜爱上某种土特产，无疑是一种深刻且独特的记忆。这种记忆不仅是味觉上的，更是情感上的。它让每一次旅行都变得独一无二，成为个人经历中不可磨灭的一部分。比如，游客在西藏品尝了酥油茶后，那份独特的味道和体验，将成为其回忆西藏之旅时不可或缺的一部分，证明了他们曾经亲身感受过那片高原的壮丽与神秘；而在海边城市吃到最新鲜的、原汁原味的海产品，在茅台镇喝到最为醇正的茅台酒，都会给人留下极为深刻的记忆。

当"游客多"和"尝尝看"结合到一起，不仅促进了土特产经济的发展，为地方带来了经济效益，更重要的是丰富了游客的旅游体验，加深了游客对旅游目的地的文化理解和情感连接，成了新时代土特产经济发展的新背景，也是研究新质生产力影响土特产经济发展的新前提。

第四节

这就是"新质生产力赋能土特产经济时代"

综合前面的内容，"小土豆"等土特产的爆火让我们看到了土特产的"新生力"。在处处是"土特产"的时代，人人都成了土特产的"带货者"；在路路是"游客多"的背景下，"尝尝看"的心思则成了"土特产"的新可能。这些都说明土特产经济模式正在发生深刻的变化。2024 年《人民论坛》的一篇文章提出了"新土特产"的概念，认为"新土特产"是传统土特产的延伸与发展，在具备传统土特产基本内涵的同时，也呈现了一些新特点，包括"突破了传统产地的限制""更多地应用新型组织模式""产品路线向高端化发展""特色农业产业由区域性市场向全国性市场转变"等。可以说，在新质生产力发展的大背景下，在"因地制宜发展新质生产力"的基本原则下，土特产，特别是其中的终端消费产品，正在成为接受新质生产力赋能、与新质生产力结合的最佳载体，而土特产经济则进入了"新质生产力赋能发展"的新时代。

一、土特产经济正成为三产融合的最佳领域

依托农业农村特色资源，向开发农业多种功能、挖掘乡村多元价值要效益，向一二三产业融合发展要效益，强龙头、补链条、兴业态、树品牌，推动乡村产业全链条升级，增强市场竞争力和可持续发展能力，是我国推动农业农村现代化的重要方向。传统的土特产经济往往局限于第一产业，即农业领域，主要以农产品的初级加工和销售为主。然而，随着工业化的深度演进、旅游业的加速兴起和消费者的多样需求，土特产经济开始逐步向第二、第三产业延伸，形成了三产融合的新业态。在第二产业方面，土特产的加工制造逐

渐走向精细化、品牌化。从卖水果到卖果汁、果酱、果酒、果醋、果脯等，是土特产经济向第二产业拓展的第一步；这些产品延伸到水果维生素制品、水果比萨等复合型产品等则是向第二产业拓展的第二步；再进一步延伸到水果创意、水果研发、水果加工装备等则是向第二产业拓展的第三步。当前许多地方开始注重土特产深加工，也仅仅是走到了第一步或者第二步而已，还有很大的提升空间。在第三产业方面，土特产经济则已经从销售、物流等服务拓展到与旅游、创意、金融等相关服务业领域。许多旅游景区都设有土特产销售点，游客在欣赏美景的同时，也能品尝和购买到当地的特色产品。这种结合不仅丰富了旅游体验，也为土特产的销售开辟了新的渠道。三产融合不仅是土特产经济向第二产业、第三产业的延伸，也包括第二产业、第三产业相关行业向土特产经济的延伸，如食品制造业、医药制造业等行业需要很多的土特产元素和原料，餐饮服务业、批发服务业的专精化发展也可以向土特产领域精进，创意服务业能够从土特产行业中找到灵感，科研服务业能够从土特产行业中发掘新的基因、新的方向……可以说，土特产经济正在以其多样性、乡土性、创意性、亲民性等特征，成为三产融合的最佳领域。当然它可能不被称为土特产经济，而是被叫作乡村旅游、康养经济等。

二、土特产经济正在谋求新技术、创造新体验

由于三产融合的趋势，土特产经济的参与者正在迅速增加，并且这些参与者（生产者、消费者或者体验者）都在谋求用新的技术来创造新体验、打造新模式——"立足本地特色资源和产业特点，各地积极与科研院所合作对接，以新品种新技术推广、技术规范推广、科技成果转化等方式，打造绿色优质产品链条，促进产业转型升级和高质量发展""利用数字技术，实现个性化定制、柔性化生产，能够提升土特产供给质量，让消费者收获更多体验感、仪式感，拓展消费场景和消费内容"。这些新技术包括但不限于目前已经应用的互联网技术、大数据技术、人工智能技术等，它们的应用为土特产经济带来了新的发展活力。基于互联网技术的电商平台和社交媒体，让一个地方的土特产可以迅速触达全国乃至全球的消费者，为土特产的品牌推广和市场营销提供了新的渠道和手段；基于大数据技术的客户群体分析与画像，让土特产的生产者、经销者与消费者之间更容易形成土特产的命运共同体；基于人工智能技术的应用可以实现更加精确的育种种植、更加优化的品种搭配、更加合理的营养选择等，能够更好地按照市场趋势来创造新的土特产产品，极大地提升了消费者的满意度和体验感。新技术还会进一步促进土特产经济的创新发展（如通过虚拟现实技术），将土特产的生产过程和历史文化以数字化的形式展现给游客，让他们在没

有实地参观的情况下也能深入了解土特产的魅力。当然还有一些其他新技术的应用，可以让游客或者土特产经营者创造出新的食品、新的菜品、新的创意产品，让旅游和土特产的体验持续地提升上去。

三、新质生产力正在走向并赋能土特产经济

新质生产力是创新起主导作用，摆脱传统经济增长方式、生产力发展路径，具有高科技、高效能、高质量特征，符合新发展理念的先进生产力质态。这种生产力质态必然也必将对土特产经济形成影响，如让土特产经济的劳动者提高劳动能力，让劳动工具具有更高效率等。在相关实践中，"小木耳能种出大产业，小苹果能登上世界大舞台，看似普通的'土特产'实则蕴藏着产业兴旺的密码""由'土'向'特'继而形成'产'，新质生产力成为新动能"。一方面，新质生产力的引入将提升土特产的品质和附加值。先进的生产技术和工艺可以改善土特产的口感、外观和营养价值，使其更加符合现代消费者的需求。如引进先进的种植技术和加工设备，可以提升特色农产品的品质和产量。另一方面，新质生产力还将推动土特产经济的创新发展。引入新的生产模式和商业模式，可以打破传统土特产经济的束缚，创造出更多的市场机遇。如发展农村电商和直播带货等新兴商业模式，可以将当地的土特产销往全国乃至全球市场。此外，新质生产

力还将促进土特产经济与相关产业的融合发展。如引入农业科技和旅游科技等新技术，可以将土特产经济与农业旅游、乡村旅游等相关产业相结合，形成更加多元化的产业融合发展模式。笔者认为在土特产经济中，新质生产力将有望在终端消费领域率先发力。一方面，土特产经济的第一属性是消费型经济，而新质生产力在构建更加符合消费者需要的特色场景方面具有独特优势，能够让人、土特产和体验场景在最短的时间内结合到一起；另一方面，土特产经济的本质属性是群众经济、特色经济，只有通过新质生产力赋能终端消费场景，才能激发群众发现土特产、用好土特产、强化土特产的内在动力，从而提升土特产经济的内生属性。所以可以说，新质生产力正在走向并赋能土特产经济，而且正在不知不觉中悄然改变人们的消费体验和消费习惯。

四、"新质生产力赋能土特产经济时代"将呈现全链条革命性变化

新质生产力是"两山"转化和做好土特产文章的"牛鼻子"，抓好"文化＋科技＋品牌"三要素，才能不断绘就新三农画卷。随着新质生产力的不断赋能，土特产经济正迎来一个全新的时代——"新质生产力赋能土特产经济时代"。在这个时代，新质生产力将在土特产经济的全链条发挥革命性的作用。在生产环节，新质生产力的引入将提升土特产的生

产效率和品质。通过先进的种植技术和加工设备，人们可以实现土特产的标准化、规模化和品牌化生产，甚至加速土特产的自然进化进程，使得土特产更加符合现代消费者的需求和市场标准，提升其市场竞争力。在销售环节，新质生产力的赋能将使得土特产的销售更加便捷和高效，电商平台、社交媒体和直播带货以及更新的销售渠道、销售模式，正在推动土特产迅速触达全国乃至全球的消费者，为他们"私人订制"式地提供更加个性化的产品和服务。新质生产力对于土特产经济的创意层、研发层、生产层、营销层、数据层等都会产生不可预知的影响，这将有助于土特产在激烈的市场竞争中自我变革、脱颖而出，实现可持续发展，推动其更好地进行商业模式创新和产业多元融合，有助于形成更加多元化、更具竞争力、更有发展韧性的土特产经济产业网络。可以说，土特产经济在经历了数千年演变之后，正在经历一场最为剧烈的深刻变革，这将为土特产经济带来更多的机遇和挑战，也将为消费者带来更加丰富、多元、高品质的土特产产品和服务。在新质生产力的赋能下，土特产经济正走向新业态、新消费和跃升发展的新时代，正在加速进入"新质生产力赋能土特产经济时代"。

第二章

土特产经济正处于
关键窗口期

"各地推动产业振兴，要把'土特产'这三个字琢磨透""产业振兴是乡村振兴的重中之重，要落实产业帮扶政策，做好'土特产'文章"，这是我国近年来发展土特产经济的明确主张。在我国，土特产经济由来已有，甚至可以追溯到神农时代。进一步厘清土特产经济的发展脉络，明确当前土特产经济的历史阶段，是把握土特产经济内部矛盾、运用新质生产力助力土特产经济迸发出新能量的关键。

第一节

土特产以及土特产经济概述

土特产以及土特产经济的概念前面已有涉及，本节将从概念和理论层面做进一步的阐述，以此作为本书进一步探索的基础。

一、土特产及土特产经济概念

研究土特产的概念，需要理解"土""特""产"三个关键字的意义。"土"的含义是基于一方水土，开发乡土资源；"特"的含义是突出地域特点，体现当地风情；"产"的含义是真正建成产业、形成集群。笔者认为"土""特""产"三个字分别代表着乡土、特色和生产。综合起来，土特产就是根植于一定的乡土环境、具有鲜明的区域特色的产品；而土特产经济就是围绕着土特产产品进行的一系列经济活动的集成，包括政策因素、技术因素、文化因素、地理环境因素以及产业网络因素等。换而言之，土特产经济是指以土特产为主导，以地方特色为依托，以区域经济发展为目标的经济形态。其中土特产一般是指某地特有的或特别著名的产品，主要包括食品类土特产、工艺品类土特产两大类。从广义上看，土特产和特产的基本含义是一致的，但从狭义上看，"土"字限定了土特产的范围，标志着土特产是与"土"紧密关联的特产。

如图 2-1 所示，笔者就土特产经济的内涵特征进行了分析。在当前全球经济一体化的背景下，土特产经济已经成为我国农村经济发展的重要支柱，主要具有以下特征。（1）土：指地域性和道地性特征。哪个地方是土特产原产地、哪里的土特产最地道，都决定了土特产的"土"味道，也在一定程度上决定了土特产的价值。人参就是长白山的

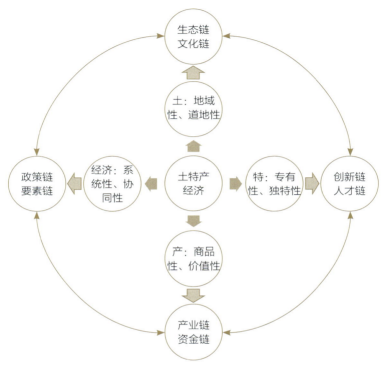

图 2-1　土特产经济概念及特征

好，酱香酒就是茅台镇的醇，这都是"土"的体现。这种基于自然环境、气候条件形成的不可替代性，决定了土特产产地的独特性。尽管现代农业科技的进步，使许多农副产品的产地得到了扩展，不再局限于原产地，农副产品的地域性有所淡化，但对于崇尚自然环保的人们来说，不加任何人工技术的农副产品仍会得到追捧。因此"地域性、道地性"突出的土特产未来仍有持续的市场需求。（2）特：指专有性和独特性特征。基于自然条件或者历史传统形成的"人无我有、人有我优"是土特产经济的重要特征，如茅台镇的酱香酒、绍兴城的花雕酒、太原市的老陈醋等，都具有这种专有性和独特性的特征。虽然随着现代生产工艺不断进步，相关生产环境可以得到模拟，但是其生产的产品总是和原产地相比差上一点意思、一点感觉，也不会像原产地那样有大量集中的文化因素，从而可以更加吸引消费者。（3）产：指商品性和价值性特征。"产"在土特产中具有核心意义，"土"和"特"是形成产业及其特色优势的前提条件，只有形成了"产"，"土"和"特"的价值才能够彰显出来；同样也正是因为有了"产"，土特产才需要遵循产业发展规律和市场经济规律，在产量与价格之间寻求平衡，在守正和创新之间找到平衡，让土特产的价值能够持续和稳定地发展下去。（4）经济：指系统性和协同性特征。土特产最核心的是经济功能，需要产业部门与政府部门、金融部门、文化部门、科研部门等共同发挥作用，需要不同规模主体之间、关联行业之间、邻近区域之间、多种要素之间统筹联动协同。从实践看，有些土特产产品"其兴也勃焉，其亡也忽焉"往往就是当地对于土特产经济的特征认识不够深刻，在系统性、协同性上出现了问题。这也是当前和未来发展土特产经济最应注意的环节。如上文图2-1所示，在以上四个特征的背后，还有土特产经济的产业链、创新链、资金链、人才链、政策链、要素链、生态链、文化链的融会贯通问题，笔者将在后续内容中涉及与阐述。

二、土特产经济有关理论基础

　　土特产经济发展涉及的理论领域较多。（1）经济学理论。其中，比较优势理论是土特产经济发展的重要理论基础之一，该理论认为各国（或地区）应专注于生产其具有相对优势的产品，并通过国际（或地区间）贸易实现资源的最优配置。在土特产经济中，不同地区拥有独特的自然资源和人文环境，形成了各自的比较优势（有的是绝对比较优势）。发展具有比较优势的土特产产业，可以提高经济效益和市场竞争力。产业集聚理论也是土特产经济发展的基础之一。产业集聚是指同一产业在某个特定地理区域内高度集中的现象。土特产经济往往因气候、文化等因素都集中在相邻区域中，自发形成了产业集聚形态。从理论上看，产业集聚有助于形成规模效应和范围经济，降低生产成本和交易成本，提高产业竞争力。（2）地理学理论。其中，地域分异理论揭示了自然地理环境在不同空间尺度上的差异性，为土特产的形成提供了物质基础。不同地区的气候、土壤、地形等自然条件不同，导致了其农作物和畜产品的种类、品质等方面的差异。这些差异正是土特产独特性的来源之一。人地关系理论强调人类活动与自然环境的相互作用和相互影响。在土特产经济中，人类通过利用和改造自然环境来生产土特产，同时土特产的生产也会反作用于自然环境。因此，在发展土特产经济时，各地需要充分考虑人地关系的和谐共生，实现经济效益与生态效益的双赢。（3）文化学理论。文化认同理论是对个体或群体的文化归属感和认同感的研究。土特产作为地方文化的重要载体之一，具有强烈的文化认同感。消费者在购买土特产时往往不仅会关注产品的物质属性（如口感、品质等），还会关注其背后的文化内涵和象征意义，因此发展土特产经济需要充分挖掘和传承地方文化元素，增强产品的文化认同感和吸引力。文化资本理论是指个体或群体通过教育、传承等方式获得的文化知识、技能和价值观等非物质财富。在土特产经济中，文化资本是提升产品附加值和市场竞争力的重要因素之一。各地应通过挖掘和整合地方文化资源来提高土特产的市场认知度和美誉度。（4）生态学理论。其中，生态系统服务理论是指自然生态系统为人类提供的各种服务和功能。在土特产经济中，自然生态系统为土特产的生产提供了必要的生态条件和服务支持，因此各地在发展土特产经济时需要充分考虑生态系统的服务功能和价值，保护生态系统的完整性和稳定性。可持续发展理论强调在满足当代人需求的同时，不损害后代人满足其需求的能力。土特产经济发展需要在实现经济效益的同时，注重生态效益和社会效益的协调统一。

三、土特产经济有关文献简述

　　关于土特产经济发展的文献，多数都是基于地域性的或者产品性的案例性研究以及有关理论思考，且主要集中在近几年。任荣认为，我国地貌类型齐全、自然条件多样、农耕文化厚重，在长期发展过程中培育形成了诸多具有地方传统优势的特色农产品和乡村特色产业。挖掘这些特色资源优势，推动农业品牌化发展，是应对新时期消费升级的需要，是提升农业竞争力的有力举措，也是促进农民增收致富的重要手段。蔡海龙指出，"新土特产"的大规模涌现，既有中国特色农业产业长期积蓄发展的必然性，也有现代营销手段加持、受"流量密码"青睐的偶然性。特色农业产业须准确把握新形势、新要求，构建强大的特色农业产业链、增强特色农业产业的带动能力、推动特色农业产业的生态化和绿色化转型、推动特色农业产业的品质化和品牌化拓展，助推乡村全面振兴。郝丹璞分析了近年来湖北省十堰市土特产出口贸易及跨境出口电商运营的现状，认为政府层面要打造土特产跨境出口电商全产业链发展，企业层面要掌握跨境消费者市场需求提升土特产的技术和质量标准，积极探索跨境电商合作新模式。康海龙等对河南省洛阳市汝阳县花菇区域公用品牌进行了研究，指出土特产要提高品牌传达效率，降低品牌传播成本，增强品牌形象差异化和品牌记忆度。李光辉指出，（各地）要注重因势利导、因地制宜、因校制宜，将高校在人才、智力、科技等方面的资源优势与土特产发展的村情民情有机结合，逐步探索全产业链条，通过强龙头、补链条、兴业态、树品牌，带动当地经济增效、农民增收、乡村增美。黎少华、王俊奇则指出，（各地）要筑网强基、赋能提质，让供销合作社系统在土特产经济发展中发挥更大作用。肖伟以福建省泉州市的德化梨品牌发展为例，指出实施标准化生产、特色化保护、品牌化管理、融合化发展，建立健全土特产产业发展与品牌建设长效机制，对于土特产走好品牌化道路具有重要价值。丁志文、龙文军指出，金融机构在支持土特产发展方面功不可没，可满足不同类型农业经营主体的融资需求，增强农业生产的稳定性和抗风险能力。武素迁、余新月认为大力发展乡村特色产业，做好土特产文章，探索"集体经济＋"的乡村发展创新模式，让"大城市带动大农村"，是中国式现代化共富之路的呈现方式。李政以浙江省为例，对土特产经济发展从品种培优、品质提升、品牌增收的目标导向及品牌"公地悲剧"的问题导向出发，提出了特产资源保护提升、特质农产品开发利用、品牌营销专业运营、品牌矩阵优化组合等系统性推进土特产品牌化发展的建议，认为要发展好土特产经济，重点是要念好"土"字诀、打好"特"字牌、唱好"产"字歌、避开"乱"字坑，高质量做好土特产文章。徐刚等认为，土特产一头连着助农增收、乡村振兴，一头连着满足人民群众对美好生活的需要，在全面推进乡村振兴、加快建设农业强国的新征程中前景广阔。龚晨以山东省莒南县东兰墩村为例，对土特产支持村集体经济发展壮大进行了研究，认为土特产经济为实现村庄全面振兴打下了坚实的物质基础。

四、土特产经济当代系统架构

结合上一章的内容和前面的综述，本书认为，在数字化、网络化日益普及的时代，我们要从创新驱动、市场统一、技术应用、经济形态等多个维度，系统性地理解土特产经济发展的发展逻辑。如图 2-2 所示，本书认为：（1）创新驱动发展是根本。在知识经济时代，创新成为推动发展的核心力量。"小土豆"现象以及土特产经济繁荣，正是创新思维与传统文化结合的产物。其通过创新的表达方式，赋予了传统元素新的生命力和市场价值。这种创新不仅体现在对产品和服务的改进上，更体现在对整个经济模式的重新定义

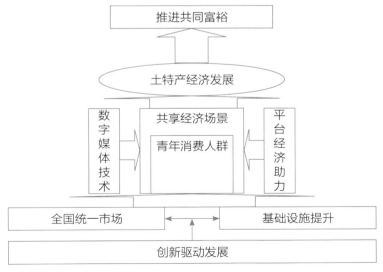

图 2-2　土特产经济发展逻辑框架

上。创新不仅是推动土特产发展的根本动力，也是其能够持续吸引消费者关注的关键所在。只有通过不断创新，不同类别的土特产才能在激烈的市场竞争中脱颖而出，成为一种独特的文化和经济现象。（2）全国统一市场是支撑。全国统一市场建设为土特产的扩散和产业化提供了广阔的空间。市场的统一消除了地区间的壁垒，使土特产品及服务能够在全国范围内自由流通。这不仅促进了相关产业的发展，也为消费者提供了多样化的选择。同时，全国统一市场还为土特产经济的规模化发展提供了可能。在统一的市场环境下，企业可以更加高效地调配资源，扩大生产规模，降低运营成本，从而提高市场竞争力。（3）数字媒体技术是左翼。数字媒体技术的快速发展为土特产的传播提供了前所未有的便利。通过互联网、社交媒体等数字化平台，土特产可以被"符号化""标签化"，并得以在短时间内迅速传播开来，引发了广泛的社会关注和讨论。数字媒体技术不仅加速了信息的流通速度，还降低了传播的成本和门槛。这使更多的人能够参与到土特产的传播和讨论中来，进一步扩大了其社会影响力。同时，数字媒体技术还为土特产经济的商业化运作提供了有力的支持，如在线销售、数据分析等。（4）平台经济助力是右翼。平台经济作为新经济的重要组成部分，在"小土豆"现象以及土特产发展过程中发挥了关键作用。电商平台、社交媒体平台等通过提供便捷的交易渠道和广泛的用户基础，为土特产品的销售和推广提供了强大的支持。平台经济的规模效应和网络效应使得土特产经济得以快速增长。通过平台的力量，土特产品和服务能够迅速触达更多的消费者，实现销售量的飙升。同时，平台经济还为土特产经济的创新提供了丰富的土壤和资源支持。（5）共享经济场景是躯干。共享经济作为一种新兴的经济形态，在土特产经济中扮演了重要角色。通过共享住宿、共享出行等方式，游客可以更加便捷地体验不同地域的文化和生活方式，从而加深对土特产相关符号的文化内涵和经济价值的理解。共享经济为土特产经济提供了丰富的应用场景和商业机会。在共享经济模式下，土特产品和服务可以更加灵活地满足消费者的需求，实现个性化的定制和服务。同时，共享经济还促进了资源的合理利用和环境的可持续发展。（6）青年消费人群是主体。青年消费人群作为消费市场的主力军，在土特产发展过程中起到了关键作用。他们具有独特的消费观念和审美趣味，如"小土豆"等称呼正好符合了他们对新鲜事物和个性化产品的追求。深入了解青年消费人群的需求和偏好对于推动土特产经济的持续发展具有重要意义。企业应该密切关注青年消费者的动态变化，及时调整产品和服务策略以满足他们的需求。同时，政府和社会各界也应该为青年消费者提供更多的支持和引导，促进他们健康成长和实现消费升级。（7）基础设施提升是基础。基础设施的完善是推动土特产经济发展的重要基础条件之一。随着交通、通信等基础设施的不断提升，土特产品和服务的流通变得更加便捷高效。这为土特产经济的快速发展提供了有力的支撑。同时，基础设施的提升还改善了消费者的购物体验和旅游体验。便捷的交通网络和高效的通信设施使得消费者能够更加方便地获取土特产品和服务信息，提高了购物的便利性和满意度。此外，良好的基础设施还为土特产发展提供了更好的环境和条件。（8）推进共同富裕是目标。土特产经济的崛起不仅带来了某一地区的经济效益的增长，也为推进全国共同富裕提供了新的路径和机遇。通过发展特色产业、促进区域合作以及增加就业机会等方式，土特产经济有助于缩小地区差距和城乡差距，实现更加公平合理的收入分配格局。同时，土特产经济还为农村地区带来了新的发展机遇和收入来源。通过开发和推广具有地方特色的土特产品和服务，农村地区能够吸引更多的游客和消费者前来体验和购买，从而带动当地经济的发展和繁荣。这将有助于实现城乡协调发展，推进共同富裕的目标。

第二节

土特产经济的"史"与"今"

从理论上看，从人类社会有了分工、交换等经济行为开始，土特产经济就开始发挥作用。从传说中看，至少在"神农尝百草"时代，中国的土特产经济就已经开始孕育并与中国历史演进相伴相生，属国、方国向宗主国的朝贡品往往就是土特产。"鉴古而知今",简要地回顾土特产经济发展历史,有助于我们总结经验教训,让今天的土特产经济发展得更具效益、更可持续。

一、土特产经济的"简史"

从我国五千余年的历史来看,我国土特产经济经历了包括气候变化在内的多种外部因素冲击,一步一步地走到今天。总体来看,我国土特产经济的演进可以划分为传统农业时代、工业化时代和信息化时代三个阶段。

(一)传统农业时代的土特产经济发展

由于我国的工业化进程起步较晚,且考虑其对农业的影响程度,传统农业时代被认定为一直延伸到 1949 年前后。在这一数千年的历史发展进程中,我国土特产经济缓慢发展,主要依赖于当地的自然资源和传统手工艺,生产和销售多在当地或小范围内进行。这一阶段,我国土特产经济具有如下特征:一是地域性明显。土特产往往与特定地区的自然环境、气候条件以及传统工艺紧密相连。因此,土特产的经济活动通常局限在某一特定地域内,其生产和销售也多以当地市场为主。二是小规模生产。传统农业时代的土特产往往是由家庭或小作坊式生产,规模较小,产量有限。这种小规模生产方式使土特产更注重手工艺和传统技艺的传承。三是依赖自然资源。土特产的品质和特点往往取决于当地的自然资源，如土壤、水质、气候等。因此，土特产经济对传统自然资源的依赖性很强。四是流通范围有限。由于交通不便、保存技术落后以及信息传递缓慢，传统农业时代的土特产流通范围相对有限，主要在当地或邻近地区销售。五是文化附加值高。土特产往往承载着丰富的地域文化和历史传统，因此具有很高的文化附加值。特别是在古代朝贡制度框架下，土特产既承载着本地的文化，也显示着各地之间的文化交流与融合，还体现着对于宗主国或者发达地区先进文化的学习和借鉴。六是市场竞争力较弱。由于缺乏现代化的市场营销手段和品牌建设意识，传统农业时代的土特产在市场上的竞争力相对较弱。

当然，在这一阶段，土特产经济也为社会发展做出了积极贡献。一是土特产经济为传统农业社会提供了重要的经济来源。通过土特产的销售，农民和手工艺人能够获得收入，从而维持生计。土特产的流通也促进了地区间的贸易往来，加强了不同地区的经济联系。二是土特产往往与地域文化紧密相连，其生产和销售过程也是文化传承的一种形式。通过土特产，地域文化和传统技艺得以传承和弘扬。土特产作为地域文化的载体，增强了人们对本地文化的认同感和自豪感。三是土特产经济在一定程度上促进了社会稳定。通过土特产的生产和销售，农民和手工艺人能够获得稳定的经济来源，从而减少了社会动荡的可能性。土特产经济也促进了社会团结。在生产和销售过程中，人们需要相互合作、共同努力，这种团队协作精神有助于增强社会凝聚力。四是土特产的丰富多样为当地居民提供了更多的消费选择，提升了人们的生活品质。土特产的经济价值也促使生产者更加注重产品品质和创新，从而满足消费者不断变化的需求。五是传统农业时代的土特产经济通常依赖于当地的自然资源和生态环境。因此，为了保持土特产的品质和产量，生产者往往会自觉保护当地的生态环境。这种对生态环境的关注和保护意识有助于维护生态平衡和生物多样性。

（二）工业化时代的土特产经济

从我国实践看，工业化时代是指 1949 年到 2000 年前后的半个世纪时间。在这一阶段，随着工业化和交通运输的发展，土特产开始能够更广泛地流通，开始形成更多的品牌和较大的规模，但仍然受限于生产和加工技术。这一阶段，土特产经济的主要特征可以归纳为以下五点：一是产业化发展。土特产经济开始形成产业链，包括生产、加工、销售等多个环节，形成了一定的产业规模，出现了专门从事土特产生产和销售的企业，开始注重品牌建设和市场推广。二是技术革新与应用。工业化时代的科技进步为土特产经济带来了新的发展机遇。例如，新的保存和加工技术使得土特产能够更长时间地保持新鲜和品质。现代化的生产设备和技术被引入土特产的生产过程中，提高了生产效率和产品质量。三是市场拓展与销售渠道多样化。随着交通运输的发展，土特产开始能够更广泛地流通到各个地区，甚至出口到海外市场。销售渠道也变得更加多样化，除了传统的实体店销售，还出现了网络销售等新型销售方式。四是标准化与规范化。为了适应更大规模的市场需求，土特产的生产开始走向标准化和规范化。这包括产品质量的统一标准、生产流程的规范化等。相关部门开始对土特产的生产和销售进行更严格的监管，以确保产品的安全和品质。五是文化与经济的融合。在工业化时代，土特产不仅是一种商品，更成了一种文化的载体。生产和销售土特产的企业开始注重挖掘和宣传其背后的文化内涵。土特产成为地方文化推广和旅游经济发展的重要组成部分。

这一阶段，土特产经济对社会的影响发生了一定变化。一是土特产经济在工业化时代成为区域经济的新经济增长点，为地方经济注入了新的活力。通过土特产的产业化发展，相关产业链得以完善，为当地创造了大量的就业机会，提高了居民收入水平。土特产的销售也带动了相关产业的发展，如物流、包装、广告等，进一步拉动了经济增长。二是工业化时代的土特产经济更加注重对传统文化的挖掘和传承。土特产往往蕴含着丰富的地域文化和历史传统，其生产和销售过程也是对这些文化的传承和保护。通过土特产的推广，地方的特色文化和风俗得以向更广泛的区域传播，增强了文化的多样性和包容性。三是土特产作为地方特色的代表，往往能够吸引大量游客前来品尝和购买，从而推动了当地旅游业的发展。游客在品尝和购买土特产的过程中，也能更深入地了解当地的文化和历史，丰富了旅游体验。四是随着土特产经济的发展，一些传统的农业社区开始转型为更加商业化的社区，社会结构也随之发生变化。新的经济机会吸引了更多年轻人回到家乡从事土特产相关的产业，为当地社会注入了新的活力和创新力量。五是在工业化时代，随着环保意识的提高，土特产经济也开始注重可持续发展和生态保护。一些地区通过发展有机、绿色的土特产，推动了生态农业和可持续农业的发展，为当地环境保护做出了贡献。当然，在工业化发展过程中，土特产经济也给生态环境带来过一定的消耗和压力。如土特产的产业化发展需要大量的自然资源，包括土地、水源和能源等，为了增加土特产的产量，更多的土地被用来开展种植或养殖，这可能导致对土地资源的过度开发。再如工业化时代早期的土特产加工过程中可能会产生废水、废气和固体废弃物等污染物。一些地区可能过度开采自然资源，如过度捕捞、过度砍伐等，这会对当地的生态系统造成破坏，导致生物多样性减少等问题。农药和化肥的使用以及包装和运输也对环境产生了一定影响。

（三）信息化时代的土特产经济

21世纪以来，我国的信息化程度不断加深，互联网和电子商务极大地推动了土特产经济的发展。土特产开始能够通过网络平台销售到全国各地，甚至海外市场，消费者可以更方便地了解和购买各地的土特产。这一阶段与数字化进程紧密关联。在信息化时代和数字化时代土特产经济的主要特征可以归纳为以下六点：一是信息流通加速。随着信息技术的发展，土特产的相关信息能够更快速地传播，消费者可以更容易地获取产品信息。生产者可以利用互联网等渠道进行广告宣传，扩大品牌知名度。二是电商平台的兴起。电子商务平台如淘宝、京东等成为土特产销售的重要渠道，打破了地域限制，拓宽了销售市场。消费者可以在线购买全国各地的土特产，方便快捷。三是供应链管理优化。信息化技术使得土特产的供应链管理更加高效，包括库存管理、物流配送等方面；生产者可以实时追踪产品状态，及时调整生产策略。在数字化背景下，物联网技术进一步实现了供应链的透明化和实时监控，智能仓储和物流系统相关技术提高了配送效率和准确性。四是数据驱动决策和个性化影响。数据分析技术使得生产者能够根据市场需求、消费者行为等数据进行精准决策，可以利用用户数据进行精准营销，推送个性化的产品推荐和优惠信息。五是产品追溯系统建立。利用数字化技术建立产品追溯系统，可确保食品安全和质量可控。消费者可以通过扫描产品上的二维码等方式查看产品的生产信息和流通路径。六是多元化销售渠道。除了传统的电商平台，生产者还可以利用社交媒体、直播带货等新型销售模式进行产品推广和销售。企业可通过与网红、意见领袖等合作，以及通过社交媒体等渠道与消费者互动，增强用户的品牌忠诚度，扩大品牌影响力和销售量。

当然，信息化和数字化时代土特产经济对社会发展的影响也在进一步深化。一是土特产经济是地方经济的重要组成部分。在信息化和数字化时代，通过互联网和电子商务平台，土特产能够突破地域限制，被销往全国各地甚至海外市场，从而带动地方经济的增长。例如，一些具有地域特色的农产品通过电商平台销售，不仅提高了农民收入，而且还拉动了当地相关产业的发展。二是土特产经济的发展创造了大量的就业机会。从土特产的种植、养殖到加工、销售，整个产业链都需要人力资源的投入。特别是在数字化时代，土特产的电商运营、数据分析、物流配送等新兴岗位不断涌现，为就业市场注入了新的活力。三是信息化和数字化技术推动了土特产产业的升级和转型。传统的土特产产业通过与互联网、大数据等技术的融合，实现了生产过程的智能化、销售模式的创新以及产品质量的可追溯。这不仅提高了土特产的附加值和市场竞争力，还促进了整个产业的可持续发展。四是在信息化和数字化时代，消费者可以通过互联网轻松了解到各地的土特产信息，并根据自己的口味和需求进行选择。这大大丰富了消费者的购物选择，满足了人们对美食的多样化需求。五是土特产经济的发展对于乡村振兴和脱贫攻坚具有重要意义。发展土特产产业可以带动农村地区的经济发展，提高农民的收入水平。同时，土特产的推广和销售也有助于打造地方特色品牌，提升乡村的知名度和美誉度。六是土特产往往承载着当地的文化和历史。在信息化和数字化时代，土特产的销售和推广过程也成了一种文化传承交流和传播的方式。消费者在购买土特产的同时，也能了解到产品背后的文化故事和地域特色。

二、土特产经济的"今生"

从哈尔滨"小土豆"开始，2023 年年底一场席卷全国的"农业大摸底"展现了黑龙江蔓越莓、云南松茸饼干、陕西火龙果、甘肃南美白对虾各类土特产的"今世"成就。截至 2023 年年末，全国已经建成 180 个优势特色乡村产业集群，全产业链产值超过 4.6 万亿元，辐射带动 1000 多万户农民。2024 年农业农村部又批复了 40 个优势特产乡村产业集群。按 2023 年每个产业集群的平均产值计算，这些产业集群的产值合计能够达到 5.6 万亿元，带动农民达到 1200 万人以上（见表 2–1）。

表 2–1　2020—2024 年优势特色产业集群名单

2020 年	2021 年	2022 年	2023 年	2024 年
安徽徽茶产业集群、安徽酥梨产业集群	安徽江淮小龙虾产业集群	安徽省亳药产业集群	安徽省皖北大豆产业集群、安徽省沿淮糯稻产业集群	安徽芜湖大米产业集群

续表

2020 年	2021 年	2022 年	2023 年	2024 年
北京设施蔬菜产业集群	北京良种蛋鸡产业集群			
福建武夷岩茶产业集群	福建珍稀食用菌产业集群	福建省闽西禽蛋产业集群	福建省"福九味"中药材产业集群	福建肉鸡产业集群
甘肃甘味肉羊产业集群	甘肃甘味平凉红牛产业集群、甘肃设施蔬菜产业集群	甘肃省道地中药材产业集群	甘肃省马铃薯产业集群、甘肃省苹果产业集群	甘肃甘味生猪产业集群、甘肃高原夏菜产业集群
广东金柚产业集群、广东南粤黄羽鸡产业集群、广东农垦生猪产业集群	广东岭南荔枝产业集群、广东罗非鱼产业集群、广东农垦天然橡胶产业集群	广东省丝苗米产业集群	广东省金鲳鱼产业集群、广东农垦糖蔗产业集群	广东生蚝产业集群、广东农垦都市型奶业产业集群
广西罗汉果产业集群、广西三黄鸡产业集群	广西桂西杧果产业集群、广西桂系猪产业集群	广西蚕桑产业集群、广西糖料蔗产业集群	广西粉用稻米产业集群	广西桂西北肉牛产业集群、广西香芋产业集群
贵州朝天椒产业集群	贵州山地肉牛产业集群、贵州山地食用菌产业集群	贵州省高原夏秋蔬菜产业集群、贵州省山地冬闲油菜产业集群	贵州省中药材产业集群	贵州绿茶产业集群、贵州生态肉鸡产业集群
海南天然橡胶产业集群	海南文昌鸡产业集群	海南省杜果产业集群	海南省冬季瓜菜产业集群	海南热带经济鱼产业集群
河北鸭梨产业集群、河北越夏食用菌产业集群	河北环京津奶业产业集群、河北燕山太行山道地中药材产业集群	河北省环京津设施蔬菜产业集群、河北省平原小麦产业集群	河北省谷子产业集群、河北省花生产业集群	河北马铃薯产业集群

续表

2020 年	2021 年	2022 年	2023 年	2024 年
河南伏牛山香菇产业集群、河南豫西南肉牛产业集群	河南怀药产业集群、河南强筋小麦产业集群	河南省花生产业集群、河南省奶业产业集群	河南省肉羊产业集群	河南稻米产业集群、河南中药材产业集群
黑龙江食用菌产业集群、黑龙江雪花肉牛产业集群、北大荒蔬菜产业集群	黑龙江白鹅产业集群、北大荒大豆产业集群	黑龙江省大豆产业集群、黑龙江省乳品产业集群	黑龙江省鲜食玉米产业集群、北大荒农垦集团稻米产业集群	黑龙江寒地粳稻产业集群
湖北三峡蜜橘产业集群、湖北小龙虾产业集群	湖北鄂西北香菇产业集群、湖北鄂西南武陵山茶产业集群	湖北省江汉平原油菜产业集群、湖北省禽蛋产业集群	湖北省稻米产业集群	湖北生猪产业集群
湖南湘猪产业集群、湖南早中熟柑橘产业集群	湖南五彩湘茶产业集群、湖南湘九味中药材产业集群	湖南省洞庭香米产业集群、湖南省早熟油菜产业集群	湖南省蔬菜产业集群	湖南洞庭湖小龙虾产业集群、湖南辣椒产业集群
吉林长白山人参产业集群	吉林粳稻产业集群、吉林长白山黑木耳产业集群	吉林省中部肉牛产业集群	吉林省大豆产业集群	吉林梅花鹿产业集群
江苏中晚熟大蒜产业集群	江苏苏系肉鸡产业集群	江苏省小龙虾产业集群	江苏省稻米产业集群	江苏生猪产业集群
江西鄱阳湖小龙虾产业集群	江西富硒蔬菜产业集群、江西鄱阳湖稻米产业集群	江西省赣中南肉牛产业集群	江西省麻鸡黄鸡产业集群、江西省油菜产业集群	江西鄱阳湖甲鱼产业集群
辽宁白羽肉鸡产业集群、辽宁小粒花生产业集群	辽宁良种奶牛产业集群	辽宁省大豆产业集群、辽宁省辽河流域粳稻产业集群	辽宁省肉牛产业集群	辽宁设施蔬菜产业集群

续表

2020 年	2021 年	2022 年	2023 年	2024 年
内蒙古草原肉羊产业集群、内蒙古河套向日葵产业集群	内蒙古大兴安岭大豆产业集群、内蒙古科尔沁肉牛产业集群	内蒙古西部绒山羊产业集群	内蒙古马铃薯产业集群、内蒙古奶业产业集群	内蒙古旱作谷子产业集群
宁夏六盘山肉牛产业集群	宁夏黄河绿洲奶牛产业集群	宁夏滩羊产业集群	宁夏葡萄及葡萄酒产业集群	宁夏冷凉蔬菜产业集群
青海牦牛产业集群	青海藏羊产业集群	青海省油菜产业集群	青海省青稞产业集群	青海枸杞产业集群
山东寿光蔬菜产业集群、山东烟台苹果产业集群	山东沿黄肉牛产业集群、山东沿黄小麦产业集群	山东省大花生产业集群、山东省沿黄大豆产业集群	山东省肉鸡产业集群	山东鲁中山区桃产业集群
山西旱作高粱产业集群	山西晋南苹果产业集群	山西省道地中药材产业集群	山西省谷子产业集群	山西雁门肉羊产业集群
陕西关中奶山羊产业集群、陕西黄土高原苹果产业集群	陕西秦岭猕猴桃产业集群、陕西陕茶产业集群	陕西省陕北肉羊产业集群	陕西省生猪产业集群、陕西省蔬菜产业集群	陕西陕北小杂粮产业集群、陕西陕南食用菌产业集群
上海都市蔬菜产业集群			上海市奶业产业集群	
四川川猪产业集群、四川晚熟柑橘产业集群	四川川西南早茶产业集群、四川山地肉牛产业集群	四川省甘孜牦牛产业集群、四川省油菜产业集群	四川省设施蔬菜产业集群	四川川中北蚕桑产业集群、四川肉兔产业集群
天津都市型奶业产业集群	天津都市型生猪产业集群		天津市小站稻产业集群	天津设施蔬菜产业集群
西藏青稞产业集群	西藏藏鸡产业集群、西藏藏系绵羊产业集群	西藏绒山羊产业集群	西藏牦牛产业集群	西藏蔬菜产业集群

续表

2020 年	2021 年	2022 年	2023 年	2024 年
新疆薄皮核桃产业集群、新疆库尔勒香梨产业集群、新疆生产建设兵团红枣产业集群	新疆葡萄产业集群、新疆伊犁马产业集群、新疆兵团军垦奶业产业集群	新疆褐牛产业集群、新疆棉花产业集群、新疆生产建设兵团棉花产业集群	新疆肉羊产业集群、新疆生产建设兵团生猪产业集群	新疆玉米产业集群、新疆生产建设兵团番茄产业集群
云南高原蔬菜产业集群、云南花卉产业集群	云南云岭肉牛产业集群	云南省咖啡产业集群	云南省天然橡胶产业集群	云南三七产业集群 云南奶业产业集群
浙江浙南早茶产业集群	浙江浙八味道地药材产业集群	浙江省湖羊产业集群	浙江省蛋鸡产业集群	浙江食用菌产业集群
重庆柠檬产业集群、重庆荣昌猪产业集群	重庆三峡柑橘产业集群、重庆长江上游榨菜产业集群	重庆市脆李产业集群	重庆市麦制品产业集群、重庆市蔬菜产业集群	重庆稻谷产业集群、重庆渝十味中药材产业集群

资料来源：2024 年集群名称来自农业农村部网站公示名单，因表格篇幅限制，部分行政区划名使用了简称。

有关新闻资料显示，土特产的"今生"，正在出现不少新变化。一是依托地方资源和农艺技术，特色产业方兴未艾。2023 年，我国新认证登记绿色、有机和名特优新农产品 1.5 万个，"南果北种""南蟹北养"等蓬勃发展的设施农业，让不少农产品实现了跨区种养、错季生产、周年供应。全国现代设施种植面积达 4000 万亩[①]，约 70% 的肉蛋奶和 52% 的

———————————

① 1 亩约等于 666.67 平方米。——编者注

养殖水产品由设施养殖提供。二是科技和绿色的加持，让农产品品质不断升级。农特产业产学研合作已成常态，助力土特产品质不断提升，如重庆推出低盐榨菜、低温发酵腊肉等产品；陕西先后引进国内外苹果新品种 219 个，选育优良品种 12 个。2023 年，我国主要农作物病虫害绿色防控面积覆盖率达 54.1%，农产品质量安全例行监测合格率连续 5 年保持在 97.4% 以上，规模以上农产品加工业企业超过 9 万家，农产品加工转化率达到 74%。三是补链条、树品牌让土特产市场愈加活跃。2023 年，我国农业目录体系初步形成，已发展全国精品培育品牌 144 个、省级目录区域公用品牌 1100 余个、企业品牌 1700 余个、产品品牌约 2000 个。31 个省（区、市）均出台品牌支持政策。为补齐冷链物流等短板，2020 年以来仅中央财政就支持建设了 7.5 万个产地冷藏保鲜设施，新增库容 1800 万吨以上，县级覆盖率达 70% 以上。

三、两者的联系与差别

历史上的土特产与当前的土特产在多个方面存在区别与联系。在联系方面：无论是传统土特产还是当前土特产，它们都承载着地方的文化特色和地域风情。传统土特产通过长期的历史积淀形成了独特的文化符号和品牌价值；而当前土特产则在传统的基础上进行创新和发展，同样注重地域特色的挖掘和传承。无论传统土特产还是当前土特产都受到市场需求和消费者偏好的影响。传统土特产往往因为其独特性和文化价值而受到消费者的青睐；而当前土特产则更加注重满足现代消费者的多样化需求，通过不断创新和改进来提升产品的竞争力和市场占有率。无论传统土特产还是当前土特产都在不断拓展其产业链和价值链，与其他产业进行融合和创新发展，提升自身的附加值和竞争力，为地方经济的发展和人民群众的增收注入了新的活力。从区别上看：传统土特产一般历史悠久，往往伴随着地方文化、习俗的长期积淀，承载着丰富的历史文化内涵，是地方特色的重要体现，如贵州茅台、西湖龙井等，可以讲出很多的历史故事；当前土特产往往与现代农业技术、市场营销手段以及消费者需求的变化密切相关，更加注重产品的创新性和市场适应性，以满足现代消费者的多样化需求。传统土特产通常以农产品、手工艺品等为主，形态较为原始，保留了较多的地方特色和传统工艺；而当前土特产涵盖了更广泛的产品种类和形态，还包括基于地方特色资源加工而成的工业衍生品，以及农事体验、特色餐饮、乡村旅游等服务类产品。传统土特产生产方式相对传统，往往依赖于当地的自然资源和传统工艺，销售渠道也相对有限，主要通过当地的集市、商店或者口碑传播进行销售；当前土特产生产方式更加现代化和规模化，利用了先进的农业技术和生产设备，销售渠道也更加多元化和便捷化，包括电商平台、社交媒体、直播带货等新兴渠道。传统土特产品质可能因地域、季节、天气等因素而有所不同，缺乏统一的标准和规范；而当前土特产则更加注重产品的品质和标准化生产，建立了严格的质量管理体系和生产标准，以确保产品的稳定性和一致性。综上所述，当前土特产与传统土特产在产生背景、产品种类、生产方式、销售渠道以及品质标准等方面存在明显的区别；但是在消费习惯、品牌打造等方面又存在着紧密的联系和互动关系，它们正共同推动着土特产产业的繁荣和发展。

第三节
土特产经济的"土"与"新"

土特产经济是基于"土"，即地域性、道地性特征的，但是也离不开"新"字，这是发展的需要、时代的需要、消费的需要，因此，统筹"土"与"新"是当前土特产经济的重要特征。

一、土特产经济的"乡土"

土特产经济中的"土"，本身具有特定区域的含义，它不仅仅是一个简单的地理概念，更蕴含了深厚的文化内涵和情感价值。在"土特产"这个词语中，"土"代表着土壤、土地，是孕育一切生命的基石，更是滋养特色产品的摇篮。而从更深层次来讲，"土"还代表着一方水土和乡土气息，是一种难以言喻的情感纽带，连接着人与土地、人与历史、人与文化。从当前的社会发展来看，这种"乡土"气息已经超越了传统的农村范畴，同样存在于城市中，如烧烤之于淄博、麻辣烫之于天水等。无论是繁华的都市还是偏远的乡村，只要是孕养了特色产品的环境，都可以被称为"乡土"。这种广义的"乡土"概念，不会局限于地理空间，它更是一种文化、一种情感的寄托，一种消费、一种市场的共识。这种"乡土"，是地域文化的标志印记。每一种土特产都与其所在地的地域文化紧密相连，它们不仅仅是物质产品，更是地方文化的载体和象征。比如茅台酒，它不仅是一种高品质的白酒，更承载着跨越千年的酒文化、酒历史。"枸酱，酒之始也""唐蒙饮枸酱而使夜郎"，至唐宋之后，茅台酒逐渐成为历代王朝贡酒，让这个标识印记具有鲜明的个性和辨识度，成为地方文化的重要组成部分。这种"乡土"还代表着传统工艺的精湛技艺。许多土特产都传承着古老的工艺和传统的制作方法，这些工艺和方法往往经过数百年的积淀和传承，蕴含着丰富的历史和文化内涵。如西湖龙井茶的制作工艺就十分讲究，采摘过程要"一早、二嫩、三勤"，"茶叶是个时辰草，早采三天是个宝，迟采三天变成草"，炒制要把握不同手法"抛、抖、搭、煽、揭、甩、抓、推、扣和压磨"。由于产地生态条件和炒制技术的差别，西湖龙井向有"狮""龙""云""虎""梅"五个品类之别，这些传统工艺已经成为产品质量的特色保障。这种"乡土"还是自然环境的独特馈赠。土特产的独特品质往往与其所在地的自然环境息息相关。特定的气候、土壤、水源等自然条件，赋予了土特产独特的口感和品质。如新疆的哈密瓜、和田枣以及吐鲁番葡萄干等产品，它们之所以甜美可口，就得益于当地独特的自然环境和气候条件。这种自然环境的馈赠，使得土特产具有不可复制的独特性，也成为其市场竞争力的重要来源。这种"乡土"是乡土情感的深厚积淀。土特产往往承载着当地人的乡土情感和记忆，它们不仅是物质产品，更是地方人民情感的寄托和象征。对许多人来说，家乡的土特产就是他们童年的回忆和情感的纽带。这种乡土情感的深厚积淀，使得土特产具有更加深远的意义和价值，也成为连接人与土地、人与历史、人与文化之间的重要桥梁。这种"乡土"还是消费群体的心理共识。土特产往往代表着一种地域特色和文化认同，消费者在购买和品尝土特产时，不仅仅是在享受产品的美味或品质，更是在体验一种地域文化和情感共鸣。这种心理共识使土特产在市场上具有独特的吸引力和竞争力。这种"乡土"也是市场网络的基本认可。在现代化的市场体系中，土特产经济已经形成了完善的产业链和市场网络。这些市场网络不仅仅包括传统的销售渠道，如集市、商店等，还包括现代化的电商平台、社交媒体等新兴渠道。这些市场网络对土特产的认可和推广，进一步提升了土特产的知名度和影响力，也使得土特产经济得以在更广阔的市场空间中发展壮大。

这种"乡土"气息还体现在与土特产经济发展相关的"一村一品"中。从 2011 年农业农村部公布第一批全国"一村一品"示范村镇以来，到 2023 年已经连续公布了 12 批，累计认定了 4182 个"一村一品"示范村镇。在持续推进"一村一品"建设的同时，从 2020 年起，农业农村部在示范村镇监测统计认定的基础上，推介发布了全国特色产业十亿元镇、亿元村名单。2020 年推介十亿元镇 91 个、亿元村 136 个；2021 年推介十亿元镇 174 个、亿元村 249 个；2022 年推介十亿元镇 199 个、亿元村 306 个（见表 2-2）。这些镇村已经成为展现土特产品"乡土"气息的最佳之地。

二、土特产经济的"新貌"

土特产经济中的"新貌"，本身具有新时代、新人群、新技术、新网络等多重含义。这一"新"字，不仅代表了土特产经济在表面产品层面上的革新，而且在更深层次上，它还揭示了这一经济形态在各个环节、各个层面上的全面升级与变革。从当前的发展态势来看，这种"新"已经超越了土特产品本身。它像一股清新的风，吹遍了土特产经济的每一个角落，为其注入了新的活力与内涵。这种"新"，是时代赋予的新貌。在当今全球化的背景下，土特产经济不再局限于某一地区或某一国家，而是开始走向世界，展现出其独特

表2-2 2022年306个亿元村名单

北京市顺义区赵全营镇北郎中村（种猪）	福建省福州市罗源县起步镇上长治村（秀珍菇）
北京市平台区峪口镇西凡各庄村（蛋鸡）	福建省福州市闽清县塔庄镇茶口村（粉干）
北京市延庆区康庄镇小丰营村（蔬菜）	福建省福州市平潭县流水镇砂美村（鲍鱼）
天津市北辰区青光镇韩家墅村（休闲旅游）	福建省厦门市海沧区东孚镇过坂社区（花卉）
天津市滨海新区杨家泊镇付庄村（对虾）	福建省莆田市仙游县度尾镇湘溪村（文旦柚）
河北省石家庄市深泽县白庄乡小堡村（手工产品）	福建省莆田市仙游县金溪村（乌龙茶）
河北省唐山市遵化市西留村乡朱山庄村（蒜黄）	福建省三明市尤溪县后楼村（食用菌）
河北省邢台市内丘县柳林镇东石河村（酸枣仁）	福建省泉州市晋江市金井镇围头村（鲍鱼）
河北省邢台市内丘县侯家庄乡富岗山庄村（富岗苹果）	福建省泉州市晋江市金井镇南江村（鲍鱼）
河北省邢台市南和区贾宋镇郄村（番茄）	福建省泉州市永春县达埔镇汉口村（篾香）
河北省邢台市宁晋县苏家庄镇伍烈霍村（宁晋鸭梨）	福建省漳州市漳浦县佛昙镇东坂村（河豚）
河北省保定市竞秀区大激店镇大激店村（驿站文化）	福建省漳州市云霄县下河乡下河村（杨桃）
河北省保定市清苑区东闾镇南王庄村（清蜜西瓜）	福建省漳州市高新区靖圆办郑店村（食用菌）
河北省保定市清苑县南店头乡葛堡村（肉羊）	福建省南平市武夷山市星村镇桐木村（红茶）
河北省沧州市南皮县大浪淀乡贾九拔村（生猪）	福建省龙岩市连城县朋口镇朋东村（兰花）
河北省沧州市黄骅市滕庄子乡孔店村（冬枣）	福建省龙岩市新罗区小池镇培斜村（竹制品）

续表

河北省廊坊市永清县别古庄镇刘武营村（雕刻产品）	福建省龙岩市漳平市南洋镇梧溪村（水仙茶）
河北省廊坊市永清县龙虎庄乡瓦屋辛庄村（瓜果）	福建省宁德市福安市赛岐镇象环村（葡萄）
河北省廊坊市永清县刘街乡彩木营村（西红柿）	福建省宁德市福安市穆阳镇苏堤村（线面）
河北省衡水市深州市穆村乡西马庄村（蜜桃）	福建省宁德市福鼎市点头镇柏柳村（白茶）
山西省太原市清徐县孟封镇杨房村（食醋）	江西省九江市永修县柘林镇易家河村（柑橘）
山西省阳泉市郊区平坦镇桃林沟村（休闲旅游）	江西省九江市都昌县周溪镇虬门村（珍珠）
山西省晋城市阳城县北留镇皇城村（休闲旅游）	江西省赣州市于都县梓山镇潭头村（蔬菜）
山西省朔州市怀仁市海北头乡海子村（肉羊）	江西省赣州市瑞金市叶坪乡田坞村（辣椒）
山西省朔州市怀仁市亲和乡南小寨村（焦羊）	江西省抚州市崇仁县孙坊镇油上村（麻鸡）
山西省晋中市祁县赵镇里村（里村肉牛）	山东省济南市莱芜区牛泉镇庞家庄村（山楂干）
山西省吕梁市文水县刘胡兰镇保贤村（肉牛）	山东省济南市商河县玉皇庙镇瓦西村（冬瓜）
山西省吕梁市临县安业乡前青塘村（粽子）	山东省济宁市梁山县馆驿镇西张庄村（食用菌）
内蒙古赤峰市宁城县大城子镇瓦南村（番茄）	山东省泰安市泰山区省庄镇小津口村（茶叶）
内蒙古赤峰市松山区老府镇老府村（设施蔬菜）	山东省泰安市宁阳县乡饮乡南赵庄村（粉皮粉条）
内蒙古鄂尔多斯市达拉特旗树林召镇林原村（蔬菜）	山东省临沂市费县上冶镇顺合村（金蛋）
内蒙古巴彦淖尔市临河区新华镇新丰村（九叶青韭菜）	山东省德州市庆云县徐园子乡张培元村（大葱）

续表

辽宁省沈阳市辽中区刘二堡镇皮家堡村（葡萄）	山东省聊城市东昌府区堂邑镇路西村（工艺葫芦）
辽宁省沈阳市辽中区冷子堡镇金山堡村（淡水鱼）	山东省滨州市博兴县锦秋街道湾头村（草柳编产品）
辽宁省沈阳市新民市柳河沟镇解放村（西甜瓜）	山东省菏泽市巨野县麒麟镇南曹村（种鸭）
辽宁省沈阳市新民市大民屯镇方巾牛村（辽绿蔬菜）	山东省烟台市莱州市平里店镇吕村（莱州大姜）
辽宁省大连市旅顺口区双岛湾街道张家村（美鹅苹果）	河南省郑州市中牟县官渡镇孙庄村（蔬菜）
辽宁省大连市金州区魏家街道荞麦山村（大樱桃）	河南省开封市杞县葛岗镇孟寨村（大蒜）
辽宁省大连市普兰店区四平镇费屯村（草莓）	河南省洛阳市孟津区朝阳镇南石山村（唐三彩）
辽宁省大连市长海县大长山岛镇小盐场村（海参）	河南省洛阳市孟津区平乐镇平乐社区（牡丹画）
辽宁省大连市长海县大长山岛镇三官庙村（海参）	河南省洛阳市栾川县白土镇马超营村（无核柿子）
辽宁省大连市瓦房店市复州城镇人里村（绿福油桃）	河南省平顶山市宝丰县大营镇清凉寺村（汝瓷）
辽宁省大连市庄河市古城乡花山村（生蚝）	河南省平顶山市叶县龙泉乡草场街村（食用菌）
辽宁省大连市普兰店区七顶山街道老虎屯村（樱桃）	河南省鹤壁市淇滨区上峪乡桑园村（休闲旅游）
辽宁省丹东市宽甸满族自治县长甸镇河口村（燕红桃）	河南省焦作市武陟县乔庙镇马宣寨村（大米）
辽宁省丹东市东港市椅圈镇李店村（草莓）	河南省焦作市沁阳市紫陵镇坞头村（头饰品）
辽宁省丹东市东港市椅圈镇夏家村（草莓）	河南省许昌市建安区灵井镇霍庄村（社火道具）
辽宁省营口市盖州市榜式堡镇马连峪村（柞蚕）	河南省许昌市长葛市佛耳湖镇岗庄村（蜂蜜）

续表

河南省商丘市夏邑县罗庄镇孙王庄村（高粱）	辽宁省营口市盖州市太阳升街道黄大寨村（西瓜）
河南省驻马店市确山县竹沟镇竹沟村（木制品）	辽宁省营口市大石桥市高坎镇党家寨村（淡水鱼）
河南省驻马店市泌阳县杨家集镇郭庄村（香菇）	辽宁省阜新市彰武县双庙乡明水村（甘薯）
湖北省黄石阳新县兴国镇宝塔村（湖蒿）	辽宁省辽阳市辽阳县刘二堡镇前杜村（草莓）
湖北省宜昌市夷陵区小溪塔街道仓屋榜村（柑橘）	辽宁省铁岭市昌图县平安堡镇十里村（胡萝卜）
湖北省宜昌市秭归县水田坝乡王家桥村（柑橘）	吉林省长春市榆树市八号镇北沟村（蔬菜）
湖北省襄阳市谷城县紫金镇花园村（茶叶）	吉林省吉林市丰满区江南乡孟家村（休闲旅游）
湖北省荆门市钟祥市柴湖镇罗城村（盆花）	黑龙江省哈尔滨松北区利业街道王林村（苗木）
湖北省荆州市荆州区川店镇紫荆村（鸡）	黑龙江省齐齐哈尔龙沙区大民镇大民村（蔬菜）
湖北省黄冈市麻城市宋埠镇彭店村（辣椒）	黑龙江省齐齐哈尔昂昂溪区榆树屯镇大五福玛村（韭菜）
湖北省恩施州恩施市白杨坪镇洞下槽村（茶叶）	黑龙江省齐齐哈尔泰来县大兴镇时雨村（中草药）
湖南省长沙市长沙县金井镇湘丰村（茶叶）	黑龙江省齐齐哈尔富拉尔基区杜尔门沁村（稻米）
湖南省湘潭市湘潭县锦石乡碧泉村（稻米）	黑龙江省齐齐哈尔克东县昌盛乡翻身村（速冻蔬菜）
湖南省衡阳县台源镇东湖寺村（乌莲）	黑龙江省牡丹江海林市海林镇蔬菜村（蔬菜）
湖南省衡阳市衡东县霞流镇李花村（禽蛋）	黑龙江省牡丹江穆棱市下城子镇悬羊村（黑木耳）
湖南省岳阳市湘阴县樟树镇文谊新村（辣椒）	黑龙江省绥化市青冈县祯祥镇兆林村（玉米）

续表

地区（特色产品）	地区（特色产品）
湖南省常德市鼎城区十美堂镇同兴村（甲鱼）	上海市宝山区罗店镇天平村（食用菌）
湖南省郴州市苏仙区良田镇堆上村（食用菌）	上海市浦东新区宣桥镇新安村（鲜食玉米）
湖南省郴州市临武县舜峰镇贝溪村（香芋）	上海市浦东新区老港镇大河村（种猪）
湖南省湘西州古丈县默戎镇牛角山村（黄金茶）	江苏省南京市六合区马集镇大圣村（水芹）
广东省广州市花都区赤坭镇瑞岭村（盆景苗木）	江苏省南京市溧水区东屏街道长乐社区（雪桃、草莓）
广东省韶关市仁化县大桥镇长坝村（沙田柚）	江苏省南京市溧水区洪蓝街道博家边社区（博家边林果）
广东省珠海市斗门区白蕉镇昭信村（海鲈鱼）	江苏省南京市溧水区晶桥镇水晶村（晶湖螃蟹）
广东省珠海市金湾区红旗镇大林社区（黄立鱼）	江苏省南京市高淳区桠溪镇桥李社区（茶叶）
广东省佛山市顺德区勒流街道稳海社区（鳗鱼）	江苏省南京市高淳区漆桥街道双游村社区（电子商务）
广东省佛山市三水区西南街道青岐村（鱼苗）	江苏省无锡市惠山区阳山镇桃源村（休闲旅游）
广东省湛江市徐闻县曲界镇德公楼村（三黄胡须鸡）	江苏省无锡市宜兴市丁蜀镇西望村（紫砂）
广东省惠州市博罗县石坝镇乌坭湖村（三黄胡须鸡）	江苏省无锡市宜兴市湖父镇张阳村（花卉）
广东省河源市东源县上莞镇仙湖村（茶叶）	江苏省无锡市宜兴市万石镇后洪村（水芹）
广东省揭阳市揭东区玉湖镇坪上村（炒茶）	江苏省无锡市宜兴市西渚镇白塔村（南天竹）
广东省揭阳市普宁市洪阳镇宝镜院村（花卉）	江苏省徐州市睢宁县邱集镇仝海村（稻米）
广西南宁市横县校椅镇石井村（茉莉花）	江苏省徐州市新沂市高流镇老范村（水蜜桃）

续表

江苏省徐州市新沂市瓦窑镇街集村（芹菜）	广西柳州市柳江区三都镇觉山村（香葱）
江苏省徐州市新沂市阿湖镇桃岭村（葡萄）	广西柳州市柳城县东泉镇柳城华侨农场（柳城蜜橘）
江苏省常州市天宁区郑陆镇黄天荡村（河蟹）	广西柳州市鹿寨县鹿寨镇石路村（鹿寨蜜橘）
江苏省常州市溧阳市戴埠镇牛场村（南天竺）	广西桂林市灵川县潭下镇岑群村（沙糖橘）
江苏省苏州市吴中区甪直镇江湾村（设施蔬菜）	广西桂林市全州县才湾镇南一村（葡萄）
江苏省苏州市吴中区香山街道舟山村（核雕）	广西桂林市全州县绍水镇柳甲村（沙糖橘）
江苏省苏州市常熟市董浜镇东盾村（蔬菜）	广西桂林市永福县龙江乡龙山村（罗汉果）
江苏省苏州市常熟市董浜镇里睦村（丝瓜）	广西钦州市灵山县武利镇汉塘村（果苗）
江苏省南通市如东县何丫村（南美白对虾）	广西贵港市覃塘区覃塘镇龙凤村（莲藕）
江苏省南通市江安镇联络新社区（肉制品）	广西玉林市兴业县大平山镇陈村社区（三黄鸡）
江苏省南通市海安市李堡镇光明村（蔬菜）	广西来宾市武宣县桐岭镇和律村（哈密瓜）
江苏省连云港市连云经济技术开发区韩李村（黄桃）	海南省儋州市木棠镇铁匠村（黄花梨木）
江苏省连云港市连云区高公岛街道黄窝村（紫菜）	海南省澄迈县桥头镇沙土村（桥头地瓜）
江苏省连云港市赣榆区厉庄镇谢湖村（大樱桃）	海南省昌江黎族自治县十月田镇好清村（香水波罗）
江苏省连云港市赣榆区海头镇海前村（电子商务）	重庆市江津区石门镇李家村（晚熟柑橘）
江苏省连云港市东海县桃林镇北芹村（西葫芦）	重庆市江津区吴滩镇现龙村（花椒）

续表

江苏省连云港市东海县曲阳乡薛埠村（水晶）	重庆市永川区南大街街道黄瓜山村（梨）
江苏省连云港市灌南县新集镇周庄村（果蔬）	重庆市永川区何埂镇狮子村（食用菌）
江苏省淮安市金湖县银涂镇高邮湖村（鱼虾蟹）	重庆市荣昌区吴家镇双流村（蔬菜）
江苏省盐城市盐都区潘黄街道新民村（草莓）	重庆市梁平区礼让镇川西村（康乐颐鱼）
江苏省盐城城市大丰区大中镇恒北村（酥梨）	重庆市奉节县永乐镇大坝村（柑橘）
江苏省盐城城市建湖县恒济镇苗庄村（大闸蟹）	重庆市奉节县安坪乡三沱村（脐橙）
江苏省扬州市江都区小纪镇吉东村（罗氏沼虾）	四川省成都市龙泉驿区柏合街道（水蜜桃）
江苏省扬州市仪征市马集镇合心村（黑莓）	四川省成都市青白江区福洪镇杏花村（杏）
江苏省镇江市句容市兔镇唐庄村（葡萄）	四川省成都市郫都区友爱镇农科村（花卉苗木）
江苏省镇江市句容市兔镇白兔村（草莓）	四川省成都市都江堰市天马镇金胜社区（猕猴桃）
江苏省镇江市句容市茅山镇丁家边村（桑葚）	四川省成都市邛崃市夹关镇龚店村（黑茶）
江苏省镇江市句容市茅山镇丁庄村（葡萄）	四川省攀枝花市米易县草场镇龙华村（枇杷）
江苏省镇江市句容市茅山镇永兴村（花木）	四川省攀枝花市盐边县桐子林镇金河村（芒果）
江苏省镇江市句容市后白镇西冯村（草坪）	四川省德阳市绵竹市孝德镇年画村（年画）
江苏省镇江市句容市天王镇唐陵村（苗木）	四川省广元市旺苍县木门镇三合村（茶叶）
江苏省泰州市姜堰区桥头镇桥头村（香菇）	四川省乐山市夹江县马村镇石堰村（手工造纸）

续表

四川省乐山市夹江县吴场镇三管村（茶叶）	江苏省泰州市兴化市千垛镇东旺村（千垛菜花）
四川省眉山市东坡区三苏镇鸭池村（柑橘）	江苏省泰州市泰兴市黄桥镇祁巷村（蔬菜）
四川省眉山市彭山区观音街道果园村（葡萄）	江苏省宿迁市宿城区耿车镇红卫村（花木）
四川省眉山市洪雅县中山镇前锋村（雅雨露茶叶）	江苏省宿迁市沭阳县庙头镇聚贤村（花井）
四川省眉山市丹棱县齐乐镇梅湾村（橘橙）	浙江省杭州市萧山区益农镇三围村（蔬菜）
四川省宜宾市高县复兴镇大屋村（茶叶）	浙江省杭州市余杭区中泰街道紫荆村（中泰竹笛）
四川省宜宾市筠连县巡司镇银星村（茶叶）	浙江省杭州市余杭区径山镇径山村（茶叶）
四川省广安市邻水县柑子镇缆垭村（葡萄）	浙江省杭州市富阳区富春街道拔山村（高峰龙井茶）
四川省巴中市平昌县土兴镇休闲社区（花椒）	浙江省宁波市余姚市陆埠镇袁马村（骆驼徐茶）
四川省凉山彝族自治州会理县鹿厂镇铜矿村（石榴）	浙江省湖州市南浔区和孚镇新获村（青鱼）
四川省凉山彝族自治州雷波县五官乡青杠村（脐橙）	浙江省湖州市南浔区菱湖镇陈邑村（鲈鱼）
四川省凉山彝族自治州雷波县金沙镇金沙村（脐橙）	浙江省湖州市南浔区善琏镇善琏村（湖笔）
贵州省贵阳市修文县谷堡乡平滩村（猕猴桃）	浙江省湖州市南浔区千金镇东马头村（黄颡鱼）
贵州省遵义市凤冈县永安镇田坝村（茶叶）	浙江省湖州市长兴县水口乡顾渚村（休闲旅游）
贵州省安顺市平坝区天龙镇高田村（蔬菜）	浙江省湖州市安吉县天荒坪镇大溪村（休闲旅游）
贵州省安顺市平坝区天龙镇二官村（蔬菜）	浙江省台州市三门县海润街道涛头村（青蟹）

续表

浙江省台州市临海市涌泉镇梅岘村（柑橘）	贵州省铜仁市思南县三道水乡周寨村（红薯）
浙江省丽水市庆元县竹口镇黄坛村（甜橘柚）	贵州省铜仁市玉屏侗族自治县田坪镇田冲村（稻米）
安徽省合肥市巢湖市中垾镇小联圩村（番茄）	云南省昆明市嵩明县嵩阳街道大村子社区（花卉）
安徽省芜湖市湾沚区六郎镇北陶村（休闲旅游）	云南省曲靖市麒麟区珠街街道中所村（红美葡萄）
安徽省芜湖市无为市红庙镇海云村（牡丹）	云南省昭通市昭阳区苏家院镇迤那村（苹果）
安徽省马鞍山市含山县环峰镇祁门村（芝麻油）	云南省丽江市华坪县荣将镇龙头村（鲜芒果）
安徽省淮北市烈山区宋疃镇和村社区（苹果）	云南省丽江市华坪县荣将镇哲理村（芒果）
安徽省淮北市烈山区烈山镇榴园社区（石榴）	云南省丽江市石龙坝镇彝族乡临江区（芒果）
安徽省滁州市来安县舜山镇林桥村（林壳蜀桧）	云南省丽江市华坪县石龙坝镇彝族乡民主村（芒果）
安徽省滁州市全椒县二郎口镇曹埠村（龙虾）	云南省丽江市华坪县荣将镇和爱村（芒果）
安徽省滁州市定远县西卅店镇高潮村（双孢菇）	云南省临沧市双江县勐库镇冰岛村（茶叶）
安徽省阜阳市阜南县鹿城乡刘店村（柳编）	云南省红河州石屏县龙朋镇龙甸中村（结球甘蓝）
安徽省阜阳市颍上县耿棚镇耿棚社区（桑蚕）	云南省红河州蒙自市文澜镇多法勒村（枇杷）
安徽省宿州市埇桥区西二铺乡沟西村（西瓜）	云南省西双版纳州勐海县布朗山乡班草村（茶叶）
安徽省宿州市埇桥区西二铺乡沈家村（蔬菜）	云南省德宏州芒市轩岗乡芒棒村（砂糖橘）
安徽省宿州市埇桥区西寺坡镇谷家村（蔬菜）	陕西省宝鸡市岐山县蔡家坡镇陈家嘴岭村（猕猴桃）

续表

安徽省宣城市宁国市南极乡梅村（山核桃）	陕西省宝鸡市岐山县蔡家坡镇安乐村（猕猴桃）
甘肃省白银市靖远县东湾镇三合村（设施蔬菜）	陕西省宝鸡市眉县金渠镇年第村（猕猴桃）
甘肃省张掖市甘州区上秦镇徐赵寨村（娃娃菜）	陕西省咸阳市礼泉县烟霞镇袁家村（休闲旅游）
甘肃省酒泉市瓜州县西湖乡西湖村（哈密瓜）	陕西省咸阳市礼泉县西张堡镇白村（苹果）
甘肃省酒泉市敦煌市月牙泉镇月牙泉村（李广杏）	陕西省安康市石泉县池河镇明星村（生猪）
甘肃省定西市陇西县首阳镇首阳村（中药材）	宁夏银川市西夏区北堡镇昊苑村（葡萄酒）
新疆昌吉州奇台县腰站子村（小麦）	宁夏吴忠市利通区上桥镇牛家坊村（休闲旅游）
新疆生产建设兵团第六师五家渠市103团8连（甜瓜）	宁夏吴忠市红寺堡区新庄集乡杨柳村（葡萄酒）
新疆生产建设兵团第八师石河子市142团良种连（生猪）	宁夏吴忠市红寺堡区红寺堡镇弘德村（肉牛）

资料主要来源：农业农村部网站。因表格篇幅限制，部分行政区划名使用了简称。

的国际影响力，为土特产经济带来了更广阔的市场空间，也为其注入了新的时代内涵和发展动力。这种"新"也是共同富裕的新貌。在土特产经济的发展过程中，越来越多的人开始参与其中，共享这一经济形态带来的红利。通过土特产经济，许多农村地区实现了脱贫致富，农民的收入得到了显著提升。这种共同富裕的模式，不仅促进了社会经济的均衡发展，也为土特产经济注入了新的社会价值和意义。这种"新"还表现在物质设施的新貌上。随着科技的进步和经济的发展，土特产经济的物质设施也在不断更新和完善。现代化的厂房、先进的物流体系、便捷的交通网络等，都为土特产经济的发展提供了有力的支撑和保障。这些物质设施的新貌，不仅提升了土特产经济的生产效率和产品质量，也为其未来的发展奠定了坚实的基础。在劳动群体方面，这种"新"同样表现得尤为突出。随着土特产经济的不断发展，越来越多的年轻人和高端人才开始涌入这一领域。他们带来了新的思维、新的技术和新的管理模式，为土特产经济的发展注入了新的活力和创新力。这种劳动群体的新貌，不仅提升了土特产经济的整体素质和竞争力，也为其未来的发展提供了源源不断的人才保障。技术应用的新貌也是土特产经济中"新"的重要体现。在现代化的生产过程中，先进的技术和设备被广泛应用于土特产经济的各个环节。这些技术的应用不仅提高了生产效率和产品质量，还为土特产经济的创新和发展提供了有力的支撑。比如，通过引入先进的种植技术和加工设备，某些土特产品的口感、品质和营养价值都得到了显著提升。这种技术应用的新貌，不仅为土特产经济带来了更多的市场机遇和竞争优势，也为其未来的发展开辟了更广阔的空间。这种"新"还体现在文化融合的新貌上。土特产经济不仅仅是物质产品的生产和交换，更是一种文化的传承和弘扬。在现代化的土特产经济中，越来越多的文化元素被融入其中，为其赋予了更丰富的文化内涵和品牌价值。如通过将地方特色文化与土特产品相结合，可以打造出具有独特魅力的土特产品牌，提升其在市场上的辨识度和竞争力。这种文化融合的新貌，不仅为土特产经济带来了更多的文化价值和品牌效应，也为其未来的发展注入了更多的创新力和发展动力。

我们来通过两个土特产的案例体会乡土气息与时代新貌的对比。一是长白山特产人参。人参作为"百草之王"，其乡土气息与时代新貌在多个维度上形成了鲜明对比，展现了传统与现代的交融共生。在历史与文化方面，人参在中国有着悠久的栽培和食用历史，尤其是长白山地区，被誉为"人参之乡"，通化、抚松等地的采参史长达数百年。人们通过代代相传的管护技术，使原生态的人参得以延续。在自然生长环境方面，长白山等地区的独特气候条件（如海拔高、昼夜温差大），未被污染的黑土地以及优质水源，为人参提供了得天独厚的生长环境。这种自然生长的人参皂苷含量高，品质上乘。在传统种植与加工方式方面，在过去，人参的种植和加工多依赖于传统的手工技艺。种植者需要掌握扣棚、选种等关键技术，而加工过程则可能采用大锅蒸、小锅煮等原始方式。这些传统方式虽然简单，但蕴含了丰富的经验和智慧。而随着科技的发展，人参产业迎来了前所未有的变革，现代科技被广泛应用于人参的种植、加工和销售等环节，如免疫肉抗技术、土壤养护技术、农药无残留技术等的应用，显著提高了人参的产量和品质，基地化、规范化、物网化、溯源化的栽培模式也逐渐成为主流（见图2-3）。在市场营销方面，人参产业也展现出了时代新貌，如吉林人参交易市场不仅发展成为信息发布、仓储物流、金融服务平

图2-3　人参及其机械化加工

来源：益盛药业。

台，还借助电商丰富营销模式，全方位展示人参形象。一些地区还通过举办人参文化节、参业博览会等活动提升品牌知名度和影响力。在产业融合与升级方面，人参产业正逐步向多元化、高端化方向发展。一些地区围绕"康养＋旅游"模式，加快林下参产业园区、森林康养体验馆等设施建设，推动人参产业向"人参＋康养""人参＋文旅"产业链条延伸。

二是猕猴桃。猕猴桃作为一种广受欢迎的水果，也展现了传统种植与现代科技、自然生长与产业化发展的和谐共生。猕猴桃原产于中国，对生长环境有一定的要求，四川沐川、陕西眉县等许多传统猕猴桃产区，拥有得天独厚的自然条件，如适宜的气候、肥沃的土壤和充足的水源，为猕猴桃提供了优质的生长环境。过去猕猴桃的种植多依赖于农民的传统经验和技艺，他们通过选择适宜的土壤、合理施肥、修剪枝条等工作，来保证猕猴桃的产量和品质。猕猴桃的种植与当地的文化和民俗紧密相连，一些猕猴桃产区会举办猕猴桃文化节、采摘节等活动。随着科技的进步，现代科技被广泛应用于猕猴桃的种植、管理和加工等环节，如使用土壤探测仪、小型气象站等智慧化、数字化设施来监测土壤和气候条件；采用配方施肥、定量挂果、生物防治等规范化栽培管理措施来提高猕猴桃的产量和品质；利用先进的加工技术来开发猕猴桃果汁、果酱、冰激凌等多样化产品。这些科技手段的应用不仅提高了猕猴桃的生产效率和产品质量，也为其产业化发展提供了有力支撑。有些地区通过建立猕猴桃种植基地、引进龙头企业、完善产业链等方式来推动猕猴桃产业的升级和发展。品牌建设也成为猕猴桃产业发展的重要内容，一批具有地方特色的猕猴桃品牌，不仅提升了产品的知名度和美誉度，还增强了市场竞争力。猕猴桃产业积极拓展国内外市场，通过电商平台、国际贸易等方式将产品销往全国各地乃至世界各地。猕猴桃产业还加强了与国际市场的交流与合作，学习借鉴国际先进经验和技术，特别是当猕猴桃被市场重新标记为奇异果后，更是迎来了该产业的爆发期。

三、两者的联系与差别

土特产经济的"土"与"新"之间，既有差别又有联系。主要表现在：一是"土"是本质，"新"是必然。"土"代表了土特产经济的本质特征，即其地域性、道地性。这些特征是土特产经济的核心竞争力所在。"新"则代表了发展的必然趋势。土特产经济需要不断适应市场、技术和社会的发展趋势，以保持其竞争力和持续发展。在这一关系中，"土"提供了经济基础和文化底蕴，而"新"则要求在此基础上进行创新和发展，以适应不断变化的市场环境。二是"土"是约束，"新"是突破。"土"作为约束，意味着土特产经济受到地域、资源、传统等因素的限制。这些因素可能在一定程度上制约了土特产经济的发展。"新"作为突破，强调了创新驱动发展的重要性。通过技术创新、模式创新等方式，土特产经济可以突破传统约束，实现跨越式发展。在这一关系中，"土"提供了发展的资源基础和环境条件，而"新"则要求在此基础上进行创新和突破，以克服发展障碍。三是"土"是商品，"新"是人本。"土"作为商品，强调了土特产的经济价值。土特产作为具有地域特色的商品，具有独特的市场需求和消费价值。"新"作为人本，强调了人的创造力在土特产经济中的重要性。通过融合人的智慧和创造力，土特产经济可以不断提升其附加值和市场竞争力。在这一关系中，"土"提供了商品基础和市场机会，而"新"则要求充分发挥人的创造力，以实现土特产经济的持续增值。四是"土"是坚持，"新"是融合。"土"作为坚持，强调了土特产经济需要坚守其地域性和传统性，这是土特产经济的根基和灵魂所在。"新"作为融合，要求土特产经济在坚守传统的基础上，积极融合现代元素和创新元素。通过融合创新，土特产经济可以焕发新的生机和活力。在这一关系中，"土"提供了坚守的方向和底线，而"新"则要求在此基础上进行融合和创新，以实现土特产经济的可持续发展。

第四节
土特产经济的"特"与"普"

土特产产品的"特"与土特产经济的"普"是一组共生

的因素。"特"标志了土特产产品的特殊性和价值型,"普"表明了土特产经济的普遍存在性,每个地方都可以有自己的土特产。这组共生的因素说明发展土特产经济至少要从产品产业和经济体系两个层面进行考量。

一、土特产产业的"特别"

从个体角度来看,土特产经济的"特别"之处主要体现在四个方面:每个区域的土特产产品都各具特点;每个品类的土特产产业链都有特殊规律;土特产链条上的每个环节都有特定故事;不同种类的土特产发展阶段都有一定差异。

一是每个区域的土特产产品都各具特点。土特产是土生土长的、具有地方特色的产品。这些产品之所以能成为特产,正是因为它们在某一特定区域内,由于独特的自然条件、历史传统或文化背景,从而形成了与众不同的品质和特色。以中国的茶叶为例,不同地区的茶叶因其独特的地理环境、气候条件、土壤成分和种植技术而呈现出截然不同的风味和品质。如龙井茶产于浙江杭州的西湖山区,其独特的扁平光滑外形、清新高雅的香气和鲜爽回甘的口感,都得益于西湖山区特有的云雾缭绕、温湿度适宜的自然环境。而普洱茶则产于云南的普洱地区,其独特的陈香、醇厚的口感和耐泡的特点,与云贵高原的亚热带季风气候、丰富的土壤矿物质和古老的晒青工艺密不可分。再如新疆的哈密瓜,其甜度高、口感脆嫩，得益于新疆充足的日照和较大的昼夜温差；而东北的黑土地则孕育出了口感独特、营养丰富的五常大米。这些土特产产品，都是大自然与地域文化相结合的瑰宝，它们的独特性正是土特产经济的生命力所在。

二是每个品类的土特产产业链都有特殊规律。土特产产业链，从原材料的种植或养殖，到产品的加工、包装、销售，再到消费者的购买和使用，每一个环节都紧密相连，共同构成了土特产经济的生态系统。而不同品类的土特产，由于其产品特性的不同，其产业链的发展规律和运营模式也有着显著的差异。以中药材为例，其产业链的特殊规律主要体现在对原材料的质量控制、加工技术的传承与创新、销售渠道的多元化以及品牌文化的建设上。中药材的种植需要严格遵循传统农耕文化和现代科学技术的结合，确保药材的地道性和有效性；加工过程中，则需要传承古老的炮制技术，同时引入现代科技手段，提高产品的附加值和竞争力。在销售渠道上，中药材既可以通过传统的中药店销售，也可以通过电商平台、跨境电商等现代渠道走向国际市场。而品牌文化建设也是中药材产业链中不可或缺的一环，它关乎产品的信誉度、消费者的忠诚度和市场的拓展能力。相比之下，食品类土特产的产业链则更加注重食品安全、口感保持和营销创新。从原材料的选取到生产加工，每一个环节都需要严格把控，确保产品的安全和卫生。在口感保持上，食品类土特产往往需要通过先进的保鲜技术和包装材料，延长产品的保质期，同时保持其独特的口感和风味。而在营销创新上，食品类土特产则更加注重与消费者的互动和体验，通过线上线下相结合的方式，打造具有地方特色的品牌形象，吸引更多消费者的关注和喜爱。

三是土特产链条上的每个环节都有特定故事。土特产经济的魅力，不仅仅在于其产品的独特性和产业链的特殊性，更在于其背后所蕴含的丰富故事和文化内涵。这些故事可能是关于土特产的起源和传说的，也可能是关于种植或养殖技术的传承和创新的，还可能是关于土特产与当地人民生活的紧密联系和相互影响的。以茅台酒为例，从茅台镇的古老酒窖到独特的酿造工艺，从赤水河的清澈水源到茅台酒的醇厚口感，每一个环节都蕴含着深厚的历史文化底蕴和独特的地理环境因素。而茅台酒与当地人民的生活更是紧密相连，无论是婚丧嫁娶还是节日庆典，茅台酒都是不可或缺的重要元素。这些故事和文化内涵的传承与发扬，不仅为茅台酒赋予了更高的品牌价值和文化意义，也为其在国际市场上的拓展提供了有力的支撑。再如云南的普洱茶，其背后的故事同样引人入胜，从古老的茶马古道到现代的普洱茶文化博物馆，从普洱茶的陈化过程到其独特的品鉴技巧，每一个环节都充满了历史的印记和文化的积淀。而普洱茶与当地少数民族的生活更是息息相关，它不仅是他们日常生活中不可或缺的饮品，还是他们社交、祭祀等重要活动中的重要元素。这些故事和文化内涵的挖掘与传播，不仅提升了普洱茶的知名度和美誉度，也为其产业链的持续发展和创新提供了源源不断的动力。

四是不同种类的土特产发展阶段都有一定差异。土特产经济的发展是一个动态的过程，不同种类的土特产由于其产品特性、市场需求、产业链成熟度等因素的不同，其发展阶段也会呈现出一定的差异。一些具有悠久历史和深厚文化底蕴的土特产，如中国的四大名绣、景德镇瓷器等，已经进入了成熟稳定的发展阶段。这些土特产在国内外市场上享有较高的知名度和美誉度，其产业链也相对完善，从原材料的选取到产品的设计、加工、销售等各个环节，都形成了较为成熟的运营模式。然而面对市场的不断变化和消费者需求的日益多样化，这些传统土特产也需要不断创新和发展，以保持其竞争优势和市场地位。而一些新兴的土特产，如某些地方的特色水果、有机农产品等，则可能还处于起步或快速发展阶段。这些土特产由于其独特的品质和口感，在市场上逐渐受到消费者的关注和喜爱。由于其产业链相对较短，品牌知名度较低，因此在市场拓展和品牌建设方面还需要付出更多的努力。同时，这些新兴土特产也需要注重产品质量和产品安全，确保其能在激烈的市场竞争中脱颖而出。

二、土特产经济的"普遍"

土特产经济，作为区域经济的一个重要组成部分，又是普遍存在的。其普遍性在于其广泛存在、普遍消费、多元融合以及价值增值等多个方面。一是土特产存在的普遍性。每个地方都有土特产。无论是山区、平原、沿海还是内陆，每个地方都有其独特的土特产。这些土特产或是当地的农产品，如特色水果、蔬菜、粮食等；或是当地的工艺品，如手工艺品、纺织品等；或是当地的特色食品，如糕点、小吃等。它们以其独特的品质、口感和背后的文化故事，吸引着来自四面八方的消费者。从东北的黑土地到西南的红土地，从江南的水乡到西北的黄土高原，每个地方都有其独特的土特产。东北的大米、玉米，西南的辣椒、花椒，江南的茶叶、丝绸，西北的干果、药材等，都是当地土特产的代表。这些土特产不仅丰富了当地的经济体系，也成了地方文化的象征。二是土特产消费的普遍性。日常生活中，几乎每个人都在消费土特产。无论是作为日常生活的必需品，还是作为节日的礼品，土特产都扮演着重要的角色。在现代社会，随着人们生活水平的提高和消费观念的转变，土特产的消费已经不再局限于地域的限制，而是逐渐走向全国乃至全球。土特产的消费不仅仅是一种物质上的享受，更是一种文化上的体验和情感上的寄托。人们通过消费土特产，可以感受到来自不同地域的文化魅力，也可以回忆起与土特产相关的美好时光。如品尝一口来自江南的龙井茶，不仅可以享受到其独特的口感和香气，还可以感受到江南水乡的文化氛围和宁静致远的生活态度。三是土特产融合的普遍性。很多产品可以融入多个土特产。在土特产经济的发展过程中，融合的普遍性也是不可忽视的。很多产品可以融入多个土特产的元素，形成独具特色的新产品。这种融合不仅丰富了土特产的种类和口感，也进一步提升了土特产的市场竞争力。如在食品行业，可以将地方的特色食材与现代烹饪技术相结合，打造出别具一格的地方美食；在旅游行业，可以将土特产元素融入旅游产品开发中，丰富旅游体验内容，提升旅游产品的附加值；在文化创意产业，可以将土特产作为设计灵感来源，创作出具有地方特色的文化创意产品。四是土特产价值增值的普遍性。由于土特产的生产往往受到地域、气候等自然条件的限制，使得其产量相对有限，这种稀缺性使得土特产在市场上具有较高的价格弹性和增值空间。由于土特产往往承载着地方的文化和历史，使得其具有较高的文化价值和情感价值。因此，土特产的增值能力普遍高于一般农产品，一些高品质的土特产（如普洱茶、人参、酒类等），甚至可以被视为收藏品和投资品，其价值随着时间的推移而不断增长。土特产经济的普遍性决定了不同地区的发展经验可以相互借鉴，这些经验包括但不限于加强品牌建设、推动产业融合、拓展销售渠道以及加强政策支持等措施。

三、两者的联系与差别

土特产产品的特殊性和土特产经济的普遍性，通过产品、人和地方经济结合在一起，可以总结为"差别于产品本身，统一于经济需要"。其中，产品是土特产经济与文化的载体，土特产产品作为地方独有文化与经济符号，既展现了其特殊性，又是区域经济中的价值承载者，肩负着地方经济发展的共同需求。人是土特产经济与文化的传承者。人生产了土特产产品，又塑造了土特产经济网络，并让土特产能够在创新中传承、在传承中创新。地方经济是土特产经济与文化的重要支撑。地方经济需要更多的高品质且具有独特性的土特产支撑；地方经济政策以及地方文化等又决定了土特产经济的中观和宏观形态。只有通过地方经济的协调和统筹，土特产产品才能形成土特产经济；土特产经济才能有持续的土特产品供应。总的来看，土特产产品的特殊性与土特产经济的普遍性并不矛盾，它们通过产品、人和地方经济紧密地结合在一起。我们应该充分挖掘和利用土特产产品的特殊性和土特产经济的普遍性，为地方经济注入新的活力和动力。

第五节
土特产经济的"产"与"销"

由于土特产经济的"接地气"特征，很多地方在土特产经济上更多地重视了"产"的特征，包括生产的环节、产量的追求等。但是近年来的实践证明，"销"这个环节更加重要，"产"与"销"就是土特产品的供与求，两者只有紧密衔接，保持总体平衡和系统稳定，才能让土特产经济实现可持续发展。

一、土特产经济的"生产"

土特产经济中的产品生产要分为四类进行考察。不同类别的产品与产地的距离基本上与产品的附加值成正比。第一类是初加工产品。该类产品往往就在产地附近。初加工产品只对土特产进行最基本、最简单的加工，以保持原料的新鲜与原汁原味。初加工的目的主要是为了去除原料中的杂质，进行简单的分类、包装，以便后续的储存与运输。举例而言，云南的普洱茶就是一种典型的初加工土特产。茶农们采摘新鲜的茶叶后，经过简单的杀青、揉捻、干燥等工序，制成毛茶。这些毛茶在产地附近进行简单的包装后，就可以直接销售给消费者或进一步的加工厂商。由于初加工产品保留了原料的大部分特性，因此其附加值相对较低，但胜在量大面广，是土特产经济中的基础。第二类是粗加工产品。该类产品可以离产地距离稍远一些。粗加工产品相对于初加工产品而言，进行了更为深入的处理与加工。经过粗加工后，产品的保质期与稳定性都有所提升，更便于长途运输与储存。以东北的大豆为例，大豆在产地经过初步的清理、去杂后，会进行粗加工，如破碎、压榨等，制成豆油或豆粕。这些粗加工产品可以远销到全国各地，甚至出口到海外市场。粗加工产品的附加值相对于初加工产品有所提高，因为它们经过了更多的处理工序，满足了消费者更为多样化的需求。第三类是精加工产品。作为土特产经济中的高端环节，该类产品具有较强的技术需求和质量要求。这类产品一般处于离产地较近的大中城市，以便利用城市中的技术、人才与资源优势。以新疆的棉花为例，新疆作为我国的棉花主产区，其棉花产量与质量都位居全国前列。然而，仅仅依靠初加工或粗加工的棉花产品，其附加值有限。因此，新疆的棉花会运往附近的大中城市进行精加工，如纺纱、织布等。经过精加工后的棉纺织品，其附加值大幅提升，可以满足更为高端的市场需求。精加工产品的生产不仅需要先进的设备与技术，还需要严格的质量控制与管理体系。因此，这类产品往往由具有较强实力与品牌影响力的企业来生产，以确保产品的质量与市场的竞争力。第四类是新型产品。该类产品往往是依靠科学技术对土特产品进行特殊提取并进行再加工，其与产地的距离成本基本可以忽略。因为它们的核心竞争力在于技术与创新，而非原料的产地。以贵州的茅台酒为例，茅台酒作为中国的知名酒，其独特的酿造工艺与口感使其在市场上独树一帜。然而，茅台酒的系列产品生产并不仅仅局限于贵州的茅台镇。随着科技的发展，茅台酒的生产企业已经开始利用现代生物技术对茅台酒中的特殊成分进行提取与再加工，开发出了一系列新型产品，如茅台酒口服液、茅台酒化妆品等，最火的要数瑞幸和茅台联名的酱香拿铁咖啡，曾一度风靡大江南北。这些新型产品不仅保留了茅台酒的独特风味与功效，还满足了消费者更为多样化的需求。新型产品的开发需要强大的科研实力与创新能力作为支撑。因此，这类产品往往由具有较高技术水平与研发能力的企业或平台来生产。它们通过技术创新与产品研发，推动土特产经济向更高层次、更宽领域发展。综上可见，不同层次的土特产品，生产的技术不同、工艺不同、主体不同，产品的受众不同、价值不同、影响不同，与产地的距离不同、环境不同以及资本介入开发的能级不同。这些都是土特产经济发展需要注意的事项。

二、土特产经济的"营销"

土特产的营销路径因其产品特性的不同而大相径庭。其一，主粮类特产靠质量、靠口碑进行营销，如特色稻米、杂粮等。这类产品的营销关键在于质量和口碑。消费者在购买主粮时，最为关注的是产品的品质和口感。因此，提高产品质量是首要任务。如某些地区的特色稻米，因其独特的土壤和气候条件，产出的大米口感细腻、香气扑鼻。这类产品通过保证种植过程中的科学管理和传统农耕技术的结合，确保了产品的高质量。口碑也是主粮类特产营销的重要推手。消费者在购买主粮时，往往会受到亲朋好友推荐的影响。因此，通过老客户的口碑传播，能够有效提高产品的知名度。

例如，某品牌稻米通过在本地市场长期提供高品质产品，积累了大量忠实客户。这些客户不仅自己持续购买，还会向亲朋好友推荐，从而形成了良好的口碑效应。典型案例是五常大米的营销，五常大米以其独特的口感和高品质而闻名，主要依赖于其卓越的质量和长期的口碑积累。当地政府和企业合作，通过科学种植和严格管理，确保了大米的品质。同时，通过各类展销会和推广活动，五常大米逐渐在全国范围内建立了良好的口碑，成为高端大米的代表。

其二，保健类特产靠功效、靠产品进行营销。保健类特产是指具有一定保健功能的地方特色产品，如纳入药食同源范围的中药材、特色保健食品等。这类产品的营销关键在于产品的功效和产品本身。消费者在购买这类产品时，往往对其功效有较高的期待。因此，突出产品的保健功能是其营销的核心。例如，某些地区的特色中药材因其独特的药理作用，被广泛应用于中医临床。通过科学研究和临床试验，证明其独特功效，能够有效提升产品的市场竞争力。让消费者亲身体验产品的功效是保健类特产营销的重要手段。通过提供免费试用、体验装等方式，让消费者亲身体验产品的效果，从而增加购买意愿。宁夏枸杞的营销是一个成功的例子，枸杞是一种具有多种保健功效的特色中药材，广泛应用于保健产品和中药配方中，其营销主要依赖于其独特的保健功效和产品体验：一方面，通过科学研究和临床试验，证明了枸杞在增强免疫力、改善视力等方面的显著效果；另一方面，通过举办各类健康讲座和免费体验活动，让消费者亲身体验枸杞的保健功效，从而提升了产品的市场认可度。

其三，工艺类特产靠历史、靠工艺进行营销。工艺类特产是指具有地方特色和传统工艺的手工艺品，如刺绣、陶瓷、木雕等。这类产品的营销关键在于其历史底蕴和独特的工艺。具有悠久的历史传承是这类特产的独特营销资源。通过挖掘和宣传产品的历史渊源，能够增强产品的文化价值，吸引消费者的关注。例如，某刺绣工艺有着几百年的历史传承，以其独特的针法和图案而闻名，宣传其历史渊源能够有效提升产品的文化内涵和市场价值。展示独特的工艺过程也是工艺类特产营销的重要手段，通过现场展示、工艺体验等方式，让消费者亲身体验产品的工艺过程，从而增加人们对其各方面的兴趣。如景德镇陶瓷是中国传统工艺品的代表之一，以其独特的工艺和悠久的历史而闻名。景德镇陶瓷的营销主要依赖其深厚的历史底蕴和独特的工艺展示。企业通过挖掘和宣传景德镇陶瓷的历史渊源，在旅游景区和商场设立现场制作展示区，让消费者亲身体验陶瓷的制作工艺，从而提升了产品的知名度和市场价值。2019 年 8 月 26 日，国家发展改革委、文化和旅游部印发《景德镇国家陶瓷文化传承创新试验区实施方案》，着力建设国家陶瓷文化保护传承创新基地、世界著名陶瓷文化旅游目的地、国际陶瓷文化交流合作交易中心，主要任务包括加强陶瓷文化保护传承创新、创建景德镇文化生态保护试验区，陶瓷文化产业创新发展、打造陶瓷产业特色集群，发展陶瓷文化旅游业，建设世界著名陶瓷文化旅游目的地，加强陶瓷人才队伍建设、打造成为陶瓷人才集聚"高地"和创新创业"乐土"，提升陶瓷文化交流合作水平、着力打造"一带一路"国家文化交流重要载体和展示中华古老陶瓷文化魅力的名片。在这些任务中，多处强化着体验营销、开放合作等特征。

其四，融合型特产靠新颖度和平台服务来进行营销。融合型特产是指结合了传统特产和现代元素的新型产品，如创意农产品、特色旅游产品等。这类产品的营销关键在于其新颖度和平台服务。融合型特产的新颖度是其吸引消费者的关键。通过创新设计、独特包装等方式，使产品具有与众不同的外观和体验，从而吸引消费者的关注，成为市场热点。平台服务是融合型特产营销的重要推进力量。通过电商平台以及资本力量，产品能够覆盖更广泛的市场；社交媒体能够对产品进行精准的推广和互动。如某创意农产品是近年来兴起的一种新型土特产，通过将传统农产品与现代设计相结合，创造出独具特色的新型产品，其彩色蔬菜系列，迅速吸引了市场的关注。同时通过与电商平台合作，将产品销往全国各地。在社交媒体上，该品牌积极与用户互动，分享产品的种植过程和烹饪方法，有效提升了产品的知名度和用户黏性。

可以说，不同类别的土特产品，由于承载的历史文化不同、具体消费群体不同、所处发展阶段不同等，必须采取不同的营销手段进行推广。

三、两者的联系与差别

土特产的生产网络和营销网络既有差异又有联系，既具有规律性又具有多元性。将生产网络和营销网络的特点集中到一个图上（图2-4），不同的土特产在追求价值和追求市场方面具有显著差异。我们假设只有在价值追求和市场追求方面找到平衡点，土特产经济的价值才能够最大化和持续化，也就是说图中的虚线（直线）和实线（弧线）相切的点才能实现这个可能。从实践看，既不能一味地追求附加值强化生

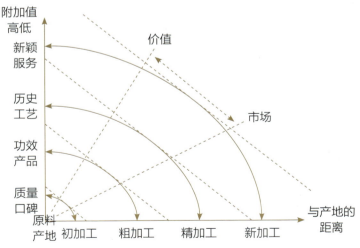

图2-4 土特产经济的价值追求与市场追求理论分析图

产而忽视市场，也不能一味地追求市场扩大而忽视了附加值的提升。由土特产经济中的人来实际把握两者之间的平衡，又将两者间的平衡有机地融入具体的土特产经济发展中，并借由政府合理引导之，才能实现土特产经济的持续、稳定发展。

第六节

土特产经济的"忆"与"创"

大多数土特产经济都是经过历史传承和实践筛选流传下来的，在数千年的历史上，很多土特产经历了多次毁灭与重生。这些土特产中存在着历史的记忆，而今在创新的时代正在加速走上新质发展之路。

一、土特产经济的"记忆"

土特产经济，作为地域文化与自然环境的结晶，承载着丰富的历史记忆。一是在土特产本身中存在的记忆。这些记忆体现在产品的独特品质和背后的生产工艺中，是土特产经济不可或缺的一部分。如农特产品的优良基因中流传下来的性状记忆，新疆的哈密瓜、云南的普洱茶等，都是这种类型。这些农特产品的优良基因和性状也是经过长期自然选择和人工选育的结果。同时工艺类土特产的特色手法也决定了其内蕴的品质记忆，例如，景德镇的瓷器以其独特的工艺、精湛的画工和丰富的文化内涵而闻名，每一件瓷器都是匠人心血的结晶，承载着千年的制瓷记忆和技艺传承。再如景泰蓝，源于西亚珐琅饰品，成于（明）景泰年间蓝釉料的技术突破，盛于清朝皇室之重视。据载乾隆四十四年（1779 年）除夕年夜饭，只有乾隆皇帝的餐具是景泰蓝的，其他人只能使用瓷质餐具。2014 年 APEC 会议中作为国礼馈赠给各经济体领导人的三件礼品中就有景泰蓝赏瓶。这些基于土特产或者特色工艺品本身的历史记忆是最为珍贵的。

二是土特产品牌中存在的记忆。品牌是土特产经济中的重要组成部分，它们不仅代表着产品的质量和信誉，还承载着消费者的情感和记忆。例如：龙井茶的品牌故事就与杭州的西湖文化紧密相连，让消费者在品尝美茶的同时能想象到西湖的美丽和浪漫、清明前后江南少女采茶的风光；赖茅酒则通过其独特的酿酒技艺和家族传承的故事，让消费者在品味美酒的同时也能感受到中国酒文化的博大精深，能够联想到在巴拿马万国博览会上获奖的不易。每一个成功的土特产品牌背后都有其独特的故事和传承。

三是土特产世家中留下的记忆。土特产世家是土特产经济中的重要组成部分，他们传承了独特的技艺和文化，也承载了大量独具特色的记忆。如山药世家张宝山凭借传承人 50 多年的发掘、整理、实践和保护，让古老的山药种植与炮制技艺焕发新生，不断研发出山药种植与炮制相关的产品，涵盖新鲜山药、古法山药粉、山药粉条、山药面条、山药零食等二十多种健康滋补食品。再如广绣世家梁晓曼，不仅传承了精湛的刺绣技艺，而且还开创性地融入现代风格，让广绣这个技艺更好地传承下来。这些世家的技艺和文化传承往往与地域文化和生活方式紧密相连，他们的生活方式、价值观念和生产方式都深深地影响着土特产的品质和特色。

四是土特产使用习惯的记忆。土特产的使用习惯是地域文化和生活方式的重要组成部分，不仅影响着消费者的购买行为和使用方式，还承载着丰富的历史记忆和文化内涵。比如不同地方敬酒的习俗，就和不同的酒类特产具有关联。如南方一些地区敬酒时往往要用双手捧杯以示尊重；而在北方一些地区，则更注重敬酒的顺序和礼仪。再如不同地方饮茶的习惯，如绿茶往往与清雅、淡泊的文化氛围相联系，而红茶则更注重浓郁、醇厚的口感体验。这些饮用习惯都是土特产经济的"记忆"的重要组成部分。

二、土特产经济的"创意"

土特产经济在历史发展过程中不断融入新的"创意"，从而让土特产经济不断保持活力。一是土特产名称中的"创意"。土特产的名称是消费者接触产品的第一印象，一个富有创意的名称能够有效吸引消费者的注意，提升产品的知名度和吸引力。例如，将普通的小西红柿命名为"圣女果"，使得这种原本平凡的水果瞬间变得与众不同，受到消费者的青睐。这种名称的创意在于通过富有想象力和吸引力的词语，改变消费者对传统土特产的固有印象，从而提升产品的市场吸引力和竞争力。二是土特产品牌中的"创意"。品牌建设是土特产经济发展的关键，一个具有创意的品牌能够有效提升产品的认知度和美誉度，进而推动销售。如已故著名企业家褚时健先生将自己种植的冰糖橙命名为"褚橙"，借助其个人的影响力和传奇故事，使得褚橙成为市场上的明星产品，品牌效应显著。再如宁夏的枸杞酒被命名为"宁夏红"，既突出了地域特色，又赋予了产品吉祥、喜庆的意象，使得品牌在市场上脱颖而出。舍得酒把中国传统文化中的"舍得"直接作为自身品牌也是一个很好的创意。三是土特产商品中的"创意"。在土特产商品的开发上，创意同样能够发挥巨大的作用，通过创新的产品形态和用途，满足消费者的多样化需求。如酱香拿铁咖啡，将传统的拿铁咖啡与酱香酒相结合，创造出独特的酱香咖啡，为消费者带来全新的味觉体验，满足了其对新奇和特色产品的追求。再如人参面膜，利用人参的滋养功效，开发出人参面膜，将传统的中药材与现代美容护肤相结合，拓展了人参的应用领域，满足了消费者对健康美容的需求。此外，彩色辣椒、彩色土豆、桃味草莓等，通过农业技术的创新，培育出不同色彩、不同口味的新颖农产品，也是农产品中科技创意的体现。四是土特产政策中的"创意"。政府在推动土特产经济发展中同样可以发挥创意，通过制定富有创新性的政策，为土特产经济提供有力支持。如规划和建设一批以土特产为主导产业的特色小镇，通过集聚产业资源、提升基础设施、打造品牌形象，推动土特产经济的集群发展和品牌化运营。再如制定农旅融合发展的政策，鼓励农民将土特产种植与乡村旅游相结合，开设农家乐、举办采摘节等活动，以吸引游客前来体验和消费，从而带动土特产的销售和知名度提升。这些政策的创意在于通过政府引导和资源整合，为土特产经济提供全方位的支持和保障，推动其实现规模化、品牌化和市场化发展。

三、两者的联系与差别

土特产经济的"记忆"与"创意"是两个既相互区别又紧密相连的概念，它们在推动土特产经济发展中各自扮演着独特的角色。在以产品为中心时，记忆对于土特产而言，代表着其历史、传统和独特的生产工艺，这是土特产的基石，不能轻易抹去，因为它们构成了产品的独特性和文化内涵；而创意则在于不断创新，以适应市场变化和消费者需求，土特产需要在保持传统特色的基础上，不断引入新的设计理念、包装方式或营销手段，以吸引更多消费者。

在以消费者为中心时，记忆往往与消费者特定的情感、体验或文化价值相关联，并不断触发消费者的情感共鸣和购买意愿，创意则在于为消费者提供新的价值体验，如独特的口感、新颖的包装或富有创意的营销活动，使消费者愿意支付更高的价格。

在以"特"为中心时，记忆旨在彰显其独特性和地域特色，这种独特性是土特产区别于其他产品的关键所在，也是其吸引消费者的核心竞争力；创意则在于扩大土特产的认知度和影响力，通过创新的营销策略、跨界合作或文化融合，可以使土特产走出地域限制，吸引更广泛的消费者群体。

在以高质量发展为核心时，记忆成为人群、族群的共同财富，代表着一种文化传承和历史积淀，是构建社会认同感和归属感的重要基础，而创意则是推动土特产经济走向共同富裕的必然路径，可以不断提升土特产的品质、附加值和市场竞争力，从而带动相关产业链的发展，促进地方经济的繁荣和社会的进步。

总体看来，土特产经济的"记忆"与"创意"在多个维度上既存在差别又相互联系——记忆是土特产的根基和灵魂，而创意则是其发展的动力和源泉——需要平衡好记忆与创意的关系，既要保持传统特色和文化内涵，又要不断创新以适应市场变化和消费者需求。

第七节

处在关键窗口期的土特产经济

中国经济处于百年未有之大变局，新质生产力处于蓄势待发之态势。土特产经济作为中国现代化的重要组成部分，关系到广大人民群众的切身利益，关系到中国社会发展的长治久安，关系到人与自然和谐共生发展。从当前看，土特产经济正处于发展的关键窗口期。

一、土特产经济是中国式现代化的重要组成部分

从现实看，土特产经济具有"最接地气"、"最为普遍"、"最具特色"、"最佳生态"和"最能共鸣"的特征，有利于推进人口规模巨大的现代化、实现全体人民共同富裕、促进物质文明和精神文明相协调、实现人与自然和谐共生以及推动和平发展道路的现代化，是中国式现代化的重要组成部分。

土特产经济是"最接地气"的产业体系，有利于实现人口规模巨大的现代化。土特产经济可以被视为"最接地气"的产业体系，它不仅深深扎根于地方的土壤和文化，还直接关联着广大农民的生活和收入。在中国这样一个人口规模巨大的国家，土特产经济的发展对于实现现代化具有重要意义。首先，土特产经济是农村经济的重要组成部分，它充分

利用了当地的自然资源和人文资源，为农民提供了丰富的就业机会和收入来源。通过发展土特产，农民可以依托本地特色资源，开展种植、养殖、加工等农业生产活动，从而提高经济收入和生活水平。其次，土特产经济有利于促进区域经济的均衡发展。在中国，不同地区的资源禀赋和经济发展水平存在较大差异。通过发展土特产经济，可以充分发挥各地区的比较优势，形成各具特色的区域经济格局。这不仅有助于缩小地区间的发展差距，还能促进全国经济的协调发展。此外，土特产经济还承载着传承和弘扬地方文化的重任。许多土特产都蕴含着深厚的历史文化底蕴，是地方文化的重要载体。通过发展土特产经济，可以保护和传承这些珍贵的文化遗产，增强人民的民族自豪感和文化认同感。

土特产经济是"最为普遍"的创业领域，有利于实现全体人民共同富裕的现代化。处处都有土特产，土特产经济作为"最为普遍"的创业领域，在实现全体人民共同富裕的现代化进程中发挥着重要作用。一是创业门槛相对较低，土特产经济通常立足于当地的自然资源和文化传统，这使得创业者能够更容易地获取原料和市场信息，降低了创业的初始难度。同时，土特产往往与日常生活紧密相连，消费者群体广泛，市场需求稳定，为创业者提供了良好的生存环境。二是产业关联性强，能够带动地方产业发展。土特产经济的发展不仅仅是一个产品或一个企业的成功，它往往能够带动整个地方产业链的发展。当某一土特产受到市场欢迎时，相关的种植、养殖、加工、销售等环节都会得到发展，从而创造更多的就业机会和收入来源。三是能够增加农民收入。农民作为土特产的原始提供者，可以直接从土特产经济的发展中受益。随着土特产市场的扩大和需求的增加，农民可以获得更高的收购价格，从而提高收入水平。同时发展土特产经济还可以增加农民的兼业收入。这对于缩小城乡收入差距、实现共同富裕十分重要。四是能够激发创新创业活力，为创业者提供了广阔的创新空间。从产品创新、品牌建设到市场拓展，每一个环节都蕴含着无限的商业机会。这不仅有助于提升整个行业的竞争力，还能为社会创造更多财富和价值。五是能够推动产业结构调整。为了适应市场需求，生产者会不断改进生产工艺，提高产品质量，甚至开发出新的土特产品种。这些活动不仅提升了整个行业的竞争力，还促进了相关产业链条的完善和优化。六是增强社会保障和福利。土特产经济的繁荣意味着地方政府将有更多的财政收入，这些资金可以用于提升公共服务质量，改善民生福祉。

土特产经济是"最具特色"的文化标识，有利于实现物质文明和精神文明相协调的现代化。土特产经济可以被视为"最具特色"的文化标识，并且对于实现物质文明和精神文明相协调的现代化具有积极意义。一是土特产本身就是文化传承与展示，承载着当地的历史、传统和文化特色。通过土特产经济，这些独特的文化元素得以传承和展示，让更多人了解和欣赏。这不仅有助于增强当地文化的认同感，还能促进文化交流与融合。二是土特产本身就需要物质文明与精神文明相协调，土特产经济不仅关注物质层面的发展，还强调对传统文化的挖掘和弘扬。这种对文化的重视有助于提升人们的精神文明水平，实现物质文明和精神文明的协调发展。三是土特产经济需要重视乡村旅游与品牌建设。土特产经济能推动乡村旅游的发展，吸引游客来体验当地文化。成功的土特产品牌也能成为当地的"名片"，提升地区的知名度和美誉度。同样乡村旅游能够扩大土特产的知名度，增加土特产的影响力。四是土特产能够增强文化认同感。土特产经济能够激发当地居民对本地文化的自豪感和认同感。当土特产受到外界认可和欢迎时，居民会更加珍视自己的文化传统。这种文化认同感的增强有助于促进社区的凝聚力和归属感，进一步巩固和发展当地文化。五是土特产经济有利于文化创新与发展，土特产经济繁荣会激发当地文化创新。为了适应市场需求和消费者口味，生产者可能会对传统土特产进行改进或创新。这种创新过程不仅有助于提升土特产的竞争力，还能为当地文化注入新的活力和元素。这种发展模式有助于实现物质文明和精神文明相协调的现代化目标，推动中国经济社会的全面发展。

土特产经济是"最佳生态"的突出体现，有利于实现人与自然和谐共生的现代化，深入挖掘人与自然之间最天然、最精准的联系。一是土特产本身就是对生态资源的合理利用，土特产往往源于特定区域的自然环境，其生产和发展依赖于当地的生态资源。通过合理利用这些资源，土特产经济不仅促进了地方经济发展，还体现了对自然环境的尊重和保护。如某些地区的土特产可能依赖于当地的独特气候、土壤或水源等自然条件，这些条件的合理利用和保护对于维持土特产的品质和特色至关重要。二是土特产经济的发展能够推动环境保护和生态治理实践的拓展与深化。为了保持土特产的独特品质和口感，生产者通常会采取一系列环保措施，如有机种植、减少化肥农药使用等。这些措施不仅有助于保护生态环境，还能提高土特产的市场竞争力，形成良性循环。三是通过发展土特产经济，可以将生态优势转化为经济优势，实现生态资源的价值化。优美的生态环境本身就是一种"土特产"，很多花草类土特产更是生态经济独特性的体现，能够满足城市化进程中人们对自然和绿色的需求，有助于推动农村经济发展，促进城乡之间的交流与互动，实现生态、经济和社会的共赢。四是有利于促进人与自然和谐共生的新关系、新模式的探索。土特产经济强调人与自然的和谐关系，鼓励人们在生产过程中尊重自然、顺应自然、保护自然。这种发展理念有助于培养人们的生态意识，促进人与自然之间的和谐共生。通过推广绿色、生态的土特产产品，还能引导消费者形成健康、环保的消费习惯，共同推动生态文明建设。

土特产经济是"最能共鸣"的合作领域，有利于实现走和平发展道路的现代化。在全球化时代，国际合作和交流已经成为推动经济发展的重要力量。土特产经济作为一种具有地方特色的经济形态，在国际交流和合作中具有独特的优势。一是土特产经济是文化交流与理解的桥梁，承载着丰富的地域文化和历史信息，承载着一个国家和民族的基本发展理念。通过土特产的贸易和交流，不同地区和民族的人们可以更加直观地了解和欣赏彼此的文化，从而促进人们对文化多样性的认识和尊重。这种文化交流有助于减少误解和偏见，为国际合作和和平发展创造更加和谐的氛围。二是土特产是经济合作与发展的纽带，为不同国家和地区提供了经济合作的机会。通过土特产的国际贸易，各国可以共享资源和市场，实现互利共赢。这种经济合作有助于促进全球经济的均衡发展，减少贫富差距，从而为世界的和平与稳定贡献力量。三是土特产是民间外交的重要渠道。土特产经济在某种程度上可以视为一种民间外交的形式。通过土特产的交换和分享，人们可以在民间层面上建立友好关系，增进相互了解和信任。这种民间外交有助于巩固国家间的友好关系，为官方外交提供有力的支撑和补充。四是土特产是和平发展理念的符号。通过发展土特产经济，可以传播和平发展的理念。当各国人民通过土特产的交流和合作感受到彼此文化的魅力和经济发展的成果时，他们会更加倾向于支持和平、反对战争。这种理念的传播有助于营造和平的国际环境，推动世界的和谐与发展。

二、土特产经济正处于转型升级的关键窗口期

土特产经济对于中国式现代化具有特殊意义，也已经引起了我国各级决策者的关注和重视。近年来，我国土特产经济在信息化、数字化的推动下实现了快速发展，土特产产业规模不断扩大。根据相关统计，近年来我国土特产产业年销售额增速保持在 15% 以上，2018 年销售额达到万亿级。土特产产品出口也保持快速增长，2018 年出口额超过 300 亿美元。特色产区建设加快推进，各地积极推进特色产区建设，提高产品质量和品牌影响力。如四川峨眉山茶叶、江西景德镇陶瓷、贵州茅台酒等产区建设取得明显进展。产区还加强与旅游业的融合发展，丰富旅游产品体系。电商渠道的拓宽推动了土特产销售模式的创新，土特产电商销售额占比超过 20%，许多知名产区已在电商平台上开设官方旗舰店。电商渠道让更多特色产品走出大山。各级政府加大对土特产产业的政策扶持力度，出台了一系列扶持政策，降低了融资门槛，加大了财政补贴力度，为土特产产业发展提供了政策保障。土特产产品结构不断优化，高附加值产品比重提高。许多传统产品通过科技创新实现了产品升级，提升了附加值。此外，新型功能食品和特色食品不断涌现，满足了消费者日益增长的需求。土特产产业链条不断延长，特色种植、养殖基地建设加快，农副产品深加工能力不断增强，第三产业快速发展，第一、二、三产业融合程度不断提高。

但是，也要看到土特产经济整体发展水平不足、地区之间差距仍较大等相应问题。例如，产品加工格局多样化，质量安全无法保障，土特产企业数量众多，规模和生产条件参差不齐，导致产品质量存在差异，质量安全无法得到有效保障。部分企业在生产过程中，为了提高产品质量和延长保质期，过量使用食品添加剂，从而导致产品安全问题。部分土特产包装简单，标签内容不全，违反了国家强制性标准，影响产品质量。食品检验检测能力低。许多土特产生产企业缺乏专业的检测设备，导致产品质量检测不及时，无法有效指导生产。缺乏专业检测人员，部分企业检测人员流动较大，导致产品质量检测不连续，影响产品质量。监管体系不完善，消费者权益难以得到保障。品牌建设不足。许多土特产企业尚未建立有效的品牌策略，品牌知名度和美誉度不高，影响了产品销售。产业链条不完整。部分土特产产品仅停留在初级加工阶段，深度加工不足，产业链条较短，附加值较低。产业联农带农作用发挥不力，部分企业在产业发展中出现产业链条的垄断，未能有效带动农民增收。乡土资源新功能新价值挖掘不足，部分地区对乡土资源的挖掘不够深入，未能实现资源的有机结合，降低了产品的竞争优势。

总体而言，土特产经济正处在转型升级关键窗口期。一是当前与信息化、数字化融合不彻底决定了土特产经济处在转型升级关键窗口期。土特产经济规模化、产业化、品牌化发展和产业链完善需要进一步升级，在与电子商务深度融合降成本、拓市场方面还有潜力，品质和品牌建设仍需提升，环保和食品安全的挑战仍然艰巨。二是土特产经济现状决定了其处于转型升级关键窗口期。各地拥有众多独特的土特产资源，但开发利用程度并不高，很多优质的土特产并未得到充分的市场认可和推广；品质参差不齐，品牌影响力有限，缺乏统一标准和规范，消费者难以辨别优劣；传统销售模式占比大，线上线下融合不足，农贸市场、实体店等仍占有很大比重。三是未来发展趋势决定了土特产经济处于转型升级关键窗口期。土特产经济要适应消费升级趋势，满足多样化需求，提升市场竞争力，要增加就业机会和农民收入，提升地方形象，吸引更多游客和投资，要传承和弘扬地方文化，增强土特产的文化附加值和市场吸引力。四是要把握关键问题推动土特产经济转型升级进程。发展土特产经济要统筹解决品质提升与成本控制的矛盾，品牌建设与市场推广的矛盾和创新驱动与人才短缺的矛盾等。

第三章

新质生产力离土特产有多远

把新质生产力与土特产经济放在一起，很多人会觉得两者距离很远！一个是"新"、一个是"土"，一个在"城"、一个在"乡"，好像不太可能有交集。但从现实看，应用生产力的是人、生产土特产的是人、消费土特产的是人！新质生产力和土特产之间因人而近、因人而融，又因为数字经济网络和统一市场网络而加快了融合的速度！很多地方土特产经济与新质生产力的融合已经走在了其他领域的前面。

第一节

新质生产力的培育和壮大比想象的更快些

自 2023 年 9 月新质生产力概念得以提出后，从现实看、从全国看，新质生产力的培育和壮大速度比想象中要快得多。当一些学者在研究新质生产力概念、内涵等问题的时候，我国的科学家、工程师和创业者们正在脚踏实地地推动着新质生产力向前发展，正在推动着新质生产力的加快应用，正在构建着新质生产力的新型网络，可以说在新质生产

111

力方面，我们没有可以借鉴复制的经验，只能自主创新、总结规律、独立探索并负重前行。

一、新质生产力的概念内涵要点

新质生产力是创新起主导作用，摆脱传统经济增长方式、生产力发展路径，具有高科技、高效能、高质量特征，符合新发展理念的先进生产力质态。它由技术革命性突破、生产要素创新性配置、产业深度转型升级而催生，以劳动者、劳动资料、劳动对象及其优化组合的跃升为基本内涵，以全要素生产率大幅提升为核心标志，特点是创新，关键在质优，本质是先进生产力。新质生产力具有五大要点。

一是大力推进科技创新。新质生产力主要由技术革命性突破催生而成。科技创新能够催生新产业、新模式、新动能，是发展新质生产力的核心要素。这就要求我们加强科技创新特别是原创性、颠覆性科技创新，加快实现高水平科技自立自强。这就需要统筹实施科教兴国战略、人才强国战略、创新驱动发展战略，坚持"四个面向"，强化国家战略科技力量，有组织地推进战略导向的原创性、基础性研究。聚焦国家战略和经济社会发展现实需要，以关键共性技术、前沿引领技术、现代工程技术、颠覆性技术创新为突破口，充分发挥新型举国体制优势，打好关键核心技术攻坚战，使原创性、颠覆性科技创新成果竞相涌现，培育发展新质生产力的新动能。

二是以科技创新推动产业创新。科技成果转化为现实生产力，表现形式为催生新产业、推动产业深度转型升级。因此，我们要及时将科技创新成果应用到具体产业和产业链上，改造提升传统产业，培育壮大新兴产业，布局建设未来产业，完善现代化产业体系。这就需要围绕发展新质生产力布局产业链，推动短板产业补链、优势产业延链、传统产业升链、新兴产业建链，提升产业链供应链韧性和安全水平，保证产业体系自主可控、安全可靠。这还需要围绕推进新型工业化和加快建设制造强国、质量强国、网络强国、数字中国等战略任务，科学布局科技创新、产业创新。在具体工作中要大力发展数字经济，促进数字经济和实体经济深度融合，打造具有国际竞争力的数字产业集群，也要围绕建设农业强国目标，加大种业、农机等科技创新和创新成果应用，用创新科技推进现代农业发展，保障国家粮食安全。

三是着力推进发展方式创新。绿色发展是高质量发展的底色，新质生产力本身就是绿色生产力。我们必须加快发展方式绿色转型，助力碳达峰碳中和，牢固树立和践行绿水青山就是金山银山的理念，坚定不移地走生态优先、绿色发展之路。加快绿色科技创新和先进绿色技术推广应用，做强绿色制造业，发展绿色服务业，壮大绿色能源产业，发展绿色低碳产业和供应链，构建绿色低碳循环经济体系。持续优化支持绿色低碳发展的经济政策工具箱，发挥绿色金融的牵引作用，打造高效生态绿色产业集群。同时，在全社会大力倡导绿色健康生活方式。

四是扎实推进体制机制创新。生产关系必须与生产力发展要求相适应。发展新质生产力，必须进一步全面深化改革，形成与之相适应的新型生产关系。新质生产力既需要政府超前规划引导、科学政策支持，也需要市场机制调节、企业等微观主体不断创新，是政府"有形之手"和市场"无形之手"共同培育和驱动形成的。因此，迫切需要深化经济体制、科技体制等改革，着力打通束缚新质生产力发展的堵点卡点，建立高标准市场体系，创新生产要素配置方式，让各类先进优质生产要素向发展新质生产力顺畅流动。同时扩大高水平对外开放，为发展新质生产力营造良好的国际环境也十分必要。

五是深化人才工作机制创新。按照发展新质生产力要求，畅通教育、科技、人才的良性循环，完善人才培养、引进、使用、合理流动的工作机制。根据科技发展新趋势，优化高等学校学科设置、人才培养模式，为发展新质生产力、推动高质量发展培养急需人才，包括培养造就战略科学家、一流科技领军人才和创新团队，也包括培养造就卓越工程师、大国工匠。加强劳动者技能培训，不断提高各类人才素质。健全要素参与收入分配机制，激发劳动、知识、技术、管理、资本和数据等生产要素活力，更好地体现知识、技术、人才的市场价值，营造鼓励创新、宽容失败的良好氛围。

　　《中共中央关于进一步全面深化改革 推进中国式现代化的决定》中就"健全因地制宜发展新质生产力体制机制"指出，要"推动技术革命性突破、生产要素创新性配置、产业深度转型升级，推动劳动者、劳动资料、劳动对象优化组合和更新跃升，催生新产业、新模式、新动能，发展以高技术、高效能、高质量为特征的生产力。加强关键共性技术、前沿引领技术、现代工程技术、颠覆性技术创新，加强新领域新赛道制度供给，建立未来产业投入增长机制，完善推动新一代信息技术、人工智能、航空航天、新能源、新材料、高端装备、生物医药、量子科技等战略性产业发展政策和治理体系，引导新兴产业健康有序发展。以国家标准提升引领传统产业优化升级，支持企业用数智技术、绿色技术改造提升传统产业。强化环保、安全等制度约束。""健全相关规则和政策，加快形成同新质生产力更相适应的生产关系，促进各类先进生产要素向发展新质生产力集聚，大幅提升全要素生产率。鼓励和规范发展天使投资、风险投资、私募股权投资，更好地发挥政府投资基金作用，发展耐心资本。"同时，《中共中央关于进一步全面深化改革 推进中国式现代化的决定》中对"构建支持全面创新体制机制"的系列安排，包括"统筹推进教育科技人才体制机制一体改革，强调深化教育综合改革、深化科技体制改革、深化人才发展体制机制改革，提升国家创新体系整体效能"，对全国统一大市场建设的系列安排，如"完善要素市场制度和规则，推动生产要素畅通流动、各类资源高效配置、市场潜力充分释放……
完善促进资本市场规范发展基础制度。培育全国一体化技
术和数据市场……健全劳动、资本、土地、知识、技术、管
理、数据等生产要素由市场评价贡献、按贡献决定报酬的机
制""加快发展物联网"等，以及"完善中国特色现代企业
制度，弘扬企业家精神，支持和引导各类企业提高资源要素
利用效率和经营管理水平""促进城乡要素平等交换、双向
流动"等，也都是新质生产力发展的重要支撑。这些方面的
表述也都是新质生产力发展的要点所在。在《中共中央关于
进一步全面深化改革 推进中国式现代化的决定》全文中有 13
处提到"要素"、14 处提到"融合"、15 处提到"平台"、19
处提到"生产"、26 处提到"资源"、51 处提到"创新"、52
处提到"科技"、55 处提到"市场"。这些内容都是与新质生
产力或新型生产关系紧密联系的。

目前，尚未见土特产行业新质生产力相关提法，但是
农业新质生产力的概念和内涵对研究土特产行业发展有极大
的帮助。魏后凯等指出："新质生产力对现代化大农业发展
具有引领作用，为现代化大农业发展明确了着力点，提供了
内在支撑，开辟了新起点、新机遇和新路径。实践中，新质
生产力能够有效拓展农业生产空间及功能，弥合农业科技短
板，推动农业形成大产业格局，促进农业绿色低碳转型，由
此引领、支撑并推动现代化大农业发展。以新质生产力引领
现代化大农业发展，需要加快构建与之相适应的现代农业科

技创新体系和现代化大农业产业体系，强化与之相配套的现代化大农业基础设施建设和新型农业人才队伍建设，推动与之相协调的体制机制适应性变革。"罗必良等指出农业新质生产力"以高质量为目标、以创新引领为基础、以科技赋能为内核。"姜长云指出要"科学处理农业新质生产力与农业传统生产力、仰望星空与脚踏实地、有为政府与有效市场、统筹高质量发展和高水平安全、农业新质生产力特殊性与新质生产力一般性等的关系"，尤亮等认为"农业新质生产力的形成深受国内外环境的共同影响，基于颠覆性创新技术，以'新'为出发点推动劳动者、劳动资料和劳动对象全面提质升级与优化组合，以'质'为落脚点全面推进生产关系变革、大力推动战略性新兴产业和未来产业发展，实现农业高水平自立自强"，孔祥智等认为"农业新质生产力具有动态性、时代性、可持续性和应用性等特征，其发展壮大的过程，正是利用现代科技创新成果对农业进行改造升级的过程。"陈文胜等指出"加快农业新质生产力发展，必须围绕破解农业供给侧结构性矛盾，突破传统农业生产中仅关注产量和效率的模式，更加注重质量、可持续性以及资源利用效率的提升。"郭晓鸣等认为"发展农业新质生产力是我国顺应时代特点的重大战略选择……以数字文明带动传统一次产业整体性跃升，便成为我国农业发展提升的根本性内容"。周昊天等认为"中国式现代化视域下农业新质生产力在政治、经济、文化、社会与生态等方面呈现出整体性、综合性的内涵特征"。唐萍萍等认为"发展农业新质生产力要将重点放在树立正确的发展意识，发挥数字生产力、高端生产力、绿色生产力在发展农业新质生产力中的作用，以及提高农业生产力诸要素组合的新质化水平等方面"。林青宁等认为"加快形成农业新质生产力要处理好发展与底线、新旧动能转换以及新质生产力和新型生产关系这三对关系"。

总体上看，国内专家学者们对农业新质生产力的关注和研究，特别是关于其特殊性以及可持续性的研究，都会对土特产经济发展产生一定影响。

二、人是发展新质生产力的核心

有学者已经指出，"人才是发展新质生产力的第一资源""培育发展新质生产力离不开人才引领、人才支撑。生产力的核心是人，人才是推动科技创新、促进生产力跃升的基础支撑""新质生产力比传统生产力更加依赖高素质、创新型的劳动者，更需要高水平创新型人才发挥创造能力，需要'以人为中心'组织整合劳动资料、劳动对象来推动创新，特别是高度智力密集型的原始性创新、颠覆性创新，并将其转化、迁移、传导至产业一线，形成经济增长新动力""人才引领、创新驱动是发展新质生产力的本质要求和内在含义，创新驱动本质上是人才驱动"。笔者认为人是发展新质生产力的核心，主要有三个考虑。

其一，社会生产力是人的生产能力的集中体现，新质生产力亦然。社会生产力指的是在一定社会生产方式下，人们利用自然、改造自然以获取物质生活资料的能力；而人的生产能力指个体或群体在生产活动中所展现出的技能、知识和创造力。由于人类的社会属性和学习能力，个体或群体的生产能力会传播给其他个体或群体，并带动整个人类的生产能力的提升，并形成具有一般意义的社会生产力。人才固然重要，但是没有人对相关生产力的普遍运用，各种先进生产力也是没有意义的事情。这是人类发展史上的客观规律，新质生产力发展也是这样，只有让人与人之间、群体之间交流得更加密切，才能促进生产能力的传播和扩散，才能促进从创意到行动的实现，才能实现新质生产力的普及和跃迁。

其二，新质生产力是人的生产属性的必然要求，人要生活就要生产，人要生产就需要生产力，进而人要生活得更好，就需要具有时代特征的新质生产力。随着人类社会的发展，人的生产属性在不断地发展和提升，从生产简单产品到生产复杂商品甚至生产情感商品，从追求简单的物质生活到追求更高的精神生活再到追求复杂的生态文明成果，这就要求生产力必须不断地提升，以适应人们生活的需求。这也就必然导致不同时代里的新质生产力的出现。可以说，每一次新质生产力的出现，在提高人类生产的效率和规模、改变人类的生产方式和生活方式的同时，也都在催生下一次新质生产力的出现。

其三，新质生产力是人的知识积累的必然结果。生产力的发展，离不开人类知识的积累，无论是科学技术、生产技能还是管理经验，都是人类在长期的生产实践中不断积累和总结出来的，这些知识的积累，为生产力的提升提供了可能。因为当人类知识积累到一定程度时，就会对生产方式、生产工具、生产组织等进行改进和创新，从而提高生产效率，推动生产力的发展。当知识积累到一定程度，就会推动生产力从量变走向质变，并形成产生新质生产力的内生力量。如果人类的知识积累水平不够，那么产生和运用新质生产力的可能性也会降低。因为新质生产力的产生和运用，需要人类具备相应的科技水平、生产技能和管理经验等知识储备。这也是《中共中央关于进一步全面深化改革 推进中国式现代化的决定》中要"统筹推进教育科技人才体制机制一体改革""推进教育数字化，赋能学习型社会建设，加强终身教育保障"的原因之一，可以说，人的生产生活实践和知识积累传承是新质生产力的基础，而人本身则是发展新质生产力的核心。

回到本书主题，人作为新质生产力的核心作用在土特产经济中更加突出，这是土特产行业的内在属性决定，其中土特产经济的分布地域性、生产工艺性、历史文化性、功能生活化等特点，以及土特产经济在经济社会发展史中的演变规律，都是重要的原因。从历史发展的角度看，土特产经济中，"土"是核心，是"特"的基础，而关于"土"的变

化——从地域之土、乡俗之土、器物之土，再到味道之土、
记忆之土，除了地域之土外，其他的都和人有关。正是人在
生产力中的主体性，在土特产经济中塑造了乡俗、器物、味
道、记忆；同样也是人和生产力的共同成长和互相促进，让
这些乡俗、器物、味道、记忆有了成长、美化以及深化的过
程。从本质上看，新质生产力在土特产经济中的作用是让乡
俗、器物、味道、记忆等元素具有更广的、更大的价值，但
如何具有这样的价值，还需要靠人来实现。当新质生产力可
以通过规模扩大、成本降低、网络互联以及新的产品服务等
方式推动标准化的产品服务升级的时候，我们也要看到新质
生产力对于土特产经济这种细分领域多、个性要求多、标准
化实现难的行业发展的作用机制更具有灵活性以及不确定
性，而发挥灵活性、抵御不确定性的关键还是在人。这也是
我们提出"人作为新质生产力的核心作用在土特产经济中更
加突出"的一个考虑。

三、新质生产力一直在培育孵化

很多人觉得新质生产力是一个刚刚提出来的概念，在
生产生活中离自己很远。笔者认为这是一个错觉。从理论上
看，生产力的发展和跃升是一个从量变到质变的过程，没有
生产力发展的积累，新质生产力是无法提出来的。从 2012—
2022 年我国劳动生产率的变化看（如图 3-1 所示），这 10 年

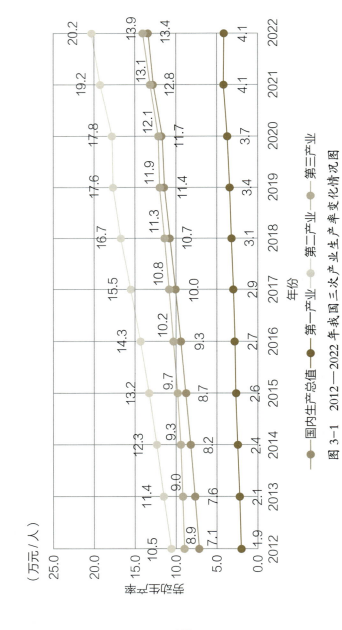

图 3-1 2012—2022 年我国三次产业生产率变化情况图

间的生产力变化是比较稳定的，第一产业、第二产业、第三产业生产率分别提升至原来的 2.16、1.92 和 1.56 倍，基本上处于线性变化状态。在这种趋势中，由于基于传统生产力的生产率是具有边际递减效应的，笔者认为，在这期间新质生产力是在不断孵化培育进行积累的，并在这个过程中抵消了传统生产力造成的边际递减效应。特别是第一产业劳动生产率提升至原来的 2.16 倍，这也说明在这 10 年间包括土特产行业在内的第一产业新质生产力发挥了重要作用。从另一方面看，2012—2022 年，我国 R&D（Research and Experimental Development，即研究与试验发展）经费支出从 10 298 万亿元增长到 30 783 亿元，占国内生产总值的比例从 1.9% 上升到 2.6%；其中企业经费支出从 7625 亿元增长到 24 324 亿元，占比从 74.0% 上升到 79.0%，为知识的积累量变以及培育孵化新质生产力提供了重要支撑（如图 3-2 所示）。

2012—2022 年间，科技企业孵化器明显增多，高新技术企业明显增多，专精特新企业明显增多。工信部火炬中心统计数据表明，科技企业孵化器从 2012 年的 1239 户增加到 2020 年的 5843 户，其中国家级科技企业孵化器从 433 户增加到 1306 户（如图 3-3 所示）。2021 年和 2022 年科技部分别备案了 149 户和 194 户国家级科技企业孵化器，按此计算，到 2022 年年末国家级科技企业孵化器数量为 1649 户，按相应比例推算全国科技企业孵化器数量达到 7378 户。尽管这一推算并不精准，但是全国科技企业孵化器、国家级科技企业

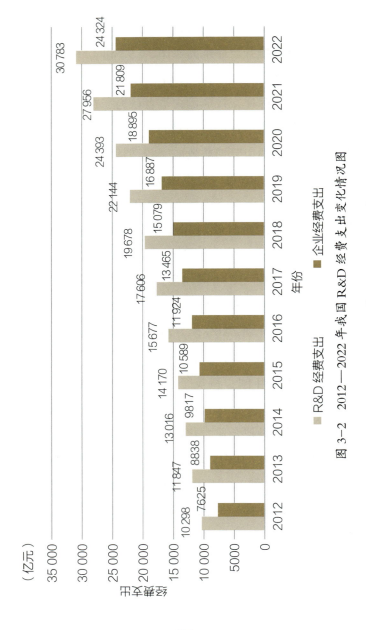

图 3-2　2012—2022 年我国 R&D 经费支出变化情况图

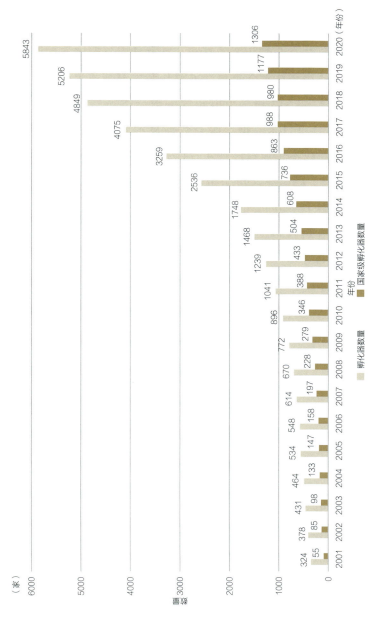

图 3-3　2001—2020 年我国科技企业孵化器数量变化图

孵化器的数量大幅增加是显而易见的。在我们身边也越来越多地出现科技企业孵化器的身影，这也是不争的事实和切身的体验。从高新技术企业看，2012 年我国高新技术企业入统企业数只有 45 313 户，2020 年这一数量达到了 269 896 户。截至 2024 年 9 月末，据天眼查数据显示，处于存续、在业状态的高新技术企业数达到 45.74 万户左右。我国于 2012 年《国务院关于进一步支持小型微型企业健康发展的意见》年中首次提出了专精特新企业的概念，2013 年 7 月工信部正式提出发展专精特新中小企业。据天眼查数据显示处于存续、在业状态的专精特新企业数达到 13.09 万户，其中专精特新小巨人企业达到 15 244 户。在市场经济激烈竞争之下，这些脱颖而出的高新技术企业、专精特新企业都承载了新质生产力的因素，甚至如华为、大疆、长光卫星等，已经成为新质生产力的重要主体。

有关新闻也报道了这 10 余年来的科技创新成就，如"嫦娥"探月、"神舟"飞天、"夸父"逐日、中国空间站圆梦，遨游太空的"中国高度"不断刷新；智能高铁跑出全球新速度、"神威·太湖之光"连续 4 次雄踞"全球超级计算机 500 强"榜首、5G 加速赋能千行百业，高质量发展的"中国速度"不断提升；"海斗一号"无人潜水器完成万米海试、"地壳一号"钻井深度超过 7000 米、世界最深地下实验室在地下 2400 米探寻"宇宙之谜"，探索未知空间的"中国深度"不断解锁；量子计算原型机"九章""祖冲之号"问世、国际上首次实现利用二氧化碳人工合成淀粉，科研"无人区"的"中国广度"不断拓展。国产大飞机 C919、国产大型邮轮、外贸"新三样"（电动载人汽车、锂离子蓄电池、太阳能电池）成为中国制造的新名片。煤炭清洁高效利用、特高压输电走在世界前列。围绕病毒变异与监测、疫苗和药物研发、疾病救治等开展科研攻关，研发成功 87 个一类新药，癌症、白血病、耐药菌防治等打破国外专利药垄断，守护人民生命健康。推广应用煤炭清洁高效燃烧、钢铁多污染物超低排放控制等关键技术，在全球率先实现"沙退人进"，为全球绿色发展和生态安全贡献中国力量。北京、上海、粤港澳大湾区国际科技创新中心跻身全球科技创新集群前 10 位。2023 年我国全球创新指数排名升至第 12 位。这些数字的背后，以及这些产品和技术的背后，都是无数的新质生产力在发挥作用，也说明新质生产力一直在孵化培育壮大之中。

四、新质生产力比想象的来得更快些

以上情况都表明现实中的发展新质生产力具体工作要比概念上的新质生产力来得更早一些。笔者判断，新质生产力可能会比想象的来得更快一些，而创新驱动发展战略的硕果、基础设施建设的成就、公民科学素养的提升、未来产业市场主体的涌现，以及新理念新模式的供给等 5 个方面内容可以提供相关的依据。

（一）创新驱动发展战略硕果累累，支撑了新质生产力的技术供给侧

创新驱动发展战略是我国为应对全球科技竞争和经济转型而制定的重大战略。近年来，我国在科技创新方面取得了显著成就，这些成果为新质生产力的发展提供了强大的技术支撑。在信息技术领域，我国已成为全球最大的互联网市场之一，5G、人工智能、大数据、云计算等前沿技术不断取得突破，为数字经济的快速发展奠定了坚实基础。这些技术的广泛应用，不仅提升了生产效率，还催生了大量新业态、新模式，如远程办公、在线教育、智慧医疗等，极大地丰富了新质生产力的内涵。在生物科技领域，我国科学家在基因编辑、疫苗研发、新药创制等方面取得了重要进展，为生物医药产业的快速发展提供了有力支持。这些科技成果的转化应用，不仅提高了医疗水平，还促进了健康产业的快速发展，成为新质生产力的重要组成部分。在新能源领域，我国已成为全球最大的可再生能源市场和光伏风电设备制造国。新能源技术的不断创新和推广应用，不仅有助于缓解能源压力，还推动了绿色低碳产业的快速发展，为新质生产力注入了新的活力。这些科技创新成果的取得，离不开国家对创新驱动发展战略的高度重视和大力支持。通过加大科研投入、优化创新环境、培养创新人才等措施，我国正逐步构建起具有全球竞争力的创新体系，为新质生产力的快速发展提供了源源不断的动力。

（二）基础设施建设成就举世瞩目，畅通了新质生产力的要素流动侧

基础设施是经济社会发展的重要支撑，也是新质生产力发展的必要条件。近年来，我国在基础设施建设方面取得了举世瞩目的成就，为新质生产力的发展提供了坚实的物质基础。在交通基础设施方面，我国已建成全球最大的高速铁路网，高速公路网，世界级港口群和航空、海运、通信体系。这些交通基础设施的完善，不仅提高了物流效率，还促进了区域经济的协调发展，为新质生产力的发展提供了广阔的空间。在信息网络基础设施方面，我国已建成全球最大的5G网络和光纤宽带网络，互联网普及率不断提高。这些信息网络基础设施的建设，为数字经济的快速发展提供了有力支持，推动了新质生产力的数字化转型和智能化升级。在能源基础设施方面，我国正加快构建清洁低碳、安全高效的能源体系。新能源基础设施的建设和推广应用，不仅有助于缓解能源压力，还推动了绿色低碳产业的快速发展，为新质生产力注入了新的动力。这些基础设施建设的成就，不仅提升了我国的综合国力，还为新质生产力的发展提供了有力的支撑和保障。通过畅通要素流动渠道、提高信息传输效率等措施，我国正逐步构建具有全球竞争力的新质生产力体系。

（三）全国公民科学素养不断提升，提升了新质生产力的劳动接受侧

公民科学素养是衡量一个国家科技发展水平和社会文明程度的重要指标。近年来，我国公民科学素养不断提升，为新质生产力的发展提供了有力的人才支撑。随着教育水平的普遍提高和科普工作的深入开展，我国公民对科学技术的认识和理解能力不断增强。越来越多的人开始关注科技发展动态，积极参与科技创新活动，为新质生产力的发展贡献了自己的力量。2024 年 4 月 16 日，第十三次中国公民科学素质抽样调查结果显示，2023 年我国公民具备科学素质的比例达到 14.14%，比 2022 年提高了 1.21 个百分点，相比"十三五"后期（2018—2020 年）年均 1.05 个百分点的增幅，"十四五"前段（2021—2022 年）年均 1.19 个百分点的增幅，呈现提速增长趋势。同时，2023 年城镇居民和农村居民具备科学素质的比例分别达到 17.25% 和 9.16%。青年人群（18~29 岁、30~39 岁）具备科学素质的比例已达到和接近 20% 的较高水平。大学本科及以上人群具备科学素质的比例达到 43.99%，大学专科受教育程度公民具备科学素质的比例为 25.17%。电视和互联网是公民获取科技信息的两大主要渠道，选择比例依次为 85.5% 和 79.2%。公民对科技创新保持高度关注和积极支持的态度，对新技术应用风险的担忧和参与科技决策的意愿则有所提高。这些数据表明，正在逐步提高的公民科学

素养，为促进新质生产力的发展以及接受新质生产力的赋能提供了助力。

（四）未来产业市场主体不断涌现，繁荣了新质生产力的市场需求侧

未来产业是指以新技术为基础，具有广阔市场前景和巨大增长潜力的新兴产业。近年来，我国未来产业市场主体不断涌现，为新质生产力的发展提供了广阔的市场空间。在新一代信息技术领域，我国已涌现出一批具有国际竞争力的龙头企业，如华为、阿里巴巴、腾讯等。这些企业在云计算、大数据、人工智能等方面取得了显著成就，为全球数字经济的发展做出了重要贡献。在生物科技领域，我国已涌现出一批具有创新能力的生物医药企业，如恒瑞医药、复星医药等。这些企业在新药研发、疫苗生产等方面取得了重要突破，为全球医药产业的发展提供了有力支持。在新能源领域，我国已涌现出一批具有全球竞争力的新能源企业，如比亚迪、宁德时代等。这些企业在新能源汽车、储能系统等方面取得了显著成就，为全球能源产业的转型和升级做出了重要贡献。此外，在航空航天、量子技术、深地深海等领域，也有一批未来产业市场主体正在加速涌现。这种态势，不仅为新质生产力发展提供了广阔的市场空间，还推动了产业结构优化和升级。通过加强技术创新、拓展国际市场等措施，我国正逐步构建起具有全球竞争力的未来产业体系。

（五）新理念新模式供给不断产生，凸显了新质生产力的环境保障侧

新理念新模式是新质生产力发展的重要保障。近年来，我国不断涌现出新的发展理念和商业模式，为新质生产力的发展提供了有力的环境支持。在发展理念方面，我国坚持创新、协调、绿色、开放、共享的新发展理念，推动经济社会全面协调可持续发展。这些发展理念的贯彻落实，不仅提高了经济发展的质量和效益，还为新质生产力的发展提供了有力的思想保障。在商业模式方面，我国正加快推动数字经济、智能经济、绿色经济等新兴业态的发展。通过加强技术创新、优化资源配置、提高生产效率等措施，这些新兴业态正逐步成为新质生产力的重要组成部分。同时，我国还注重培育新的消费热点和增长点，通过扩大内需、促进消费升级等措施，为新质生产力的发展提供了广阔的市场空间。此外，我国还注重加强政策引导和支持，通过制定优惠政策、提供资金支持、加强知识产权保护等措施，为新质生产力的发展创造了良好的政策环境。这些措施的实施，不仅激发了市场主体的创新活力，还推动了新质生产力的快速发展。

综上所述，新质生产力比想象中发展得更快的原因在于创新驱动发展战略硕果累累、基础设施建设成就的举世瞩目、公民科学素养不断提升、未来产业市场主体不断涌现以及新理念新模式供给不断产生。这些因素共同作用，推动了

新质生产力的快速发展，为我国经济社会的全面协调可持续发展注入了新的动力。展望未来，随着科技的不断进步和创新的不断深入，新质生产力将迎来更加广阔的发展前景。

第二节
土特产经济高质量发展三问

毋庸置疑，每个行业都需要新质生产力，每个行业都需要按照新质生产力发展规律去发展。土特产经济尽管在产业链上、在空间距离上、在发展形态上离新质生产力都远一些，但是也脱离不开走新质生产之路这个规律。从过去到现在再到未来，土特产经济如何应对时代之变、新质之变呢？本部分从时代之问、土特之问和未来之问三个方面，提出了土特产经济新质发展的几个关键问题，这也是土特产经济高质量发展的关键问题。

一、时代之问

不论是"科技改变世界"还是"百年未有之大变局"，毫无疑问的是我们正处在一个波澜壮阔的时代里，这个时代孕育着经济社会发展的重大内在变革，也孕育着人类面向更可持续未来的重大自身转变，更是会对土特产经济带来巨大的不可逆的影响。在这个时代之下，"我们需要什么样的土特产经济""需要怎样发展土特产经济""需要谁来发展土特产经济"是三个关键问题。

（一）这个时代需要什么样的土特产经济

在当今时代，随着全球化的不断推进和消费者需求的日益多样化，土特产经济已经不再是单纯的地方性产品销售，而是与地域文化、生态环境、旅游开发等多方面紧密相连的综合性经济形态。因此，全球化发展时代、高质量发展时代所需的土特产经济，至少应当具备以下三个特点：一是内涵愈加丰富。土特产经济不是土特产产业，而是不断地为土特产产业增加新内涵，使土特产产业向土特产经济升级，从而使土特产产业及其经济体系更具韧性，这是土特产从产品到产业再到经济体系发展的历史进程所决定的，也是土特产经济作为地方文化与自然资源、人力资源相结合的经济系统所决定的。二是自我持续升级。在高质量发展过程中，土特产经济更需要坚持以人民为中心、以群众为动能，在快速变化的市场环境中具备持续创新和自我优化的能力。在这里要认识到，土特产经济的细分产业会有兴衰更替，但土特产经济体系具有自我持续升级的能力。这是随着时代的演进所带来的人的学习能力提升所决定的。三是融合共生创新。随着时代的发展，土特产产业与其他产业、社会资源及生态环境的和谐共生是一种必然趋势，这也是生态经济学和系统工程学思想的体现，只有通过这样的融合共生才能推动土特产经济的创新以及持续发展，而以数字化、智能化为主题的发展方向又为这种融合共生创新提供了更大的可能。也可以说，在当前以及未来的一段时间内，由时代特性所决定的，这个时代需要的是内涵愈加丰富、自我持续升级、融合共生创新的土特产经济。

（二）这个时代怎样发展土特产经济

由于这个时代需要的是内涵愈加丰富、自我持续升级、融合共生创新的土特产经济，所以土特产经济发展要与时俱进、因地制宜，着力从以下三个方面进行突破。一是两个品质的同步提升，即同步提升土特产经济的内在品质与外现品质。内在品质主要体现在产品的独特性、文化深度及生态可持续性上，以增强产品内在的韧性与防冲击力，确保在面对市场波动时仍能保持稳定的竞争力；外现品质则侧重于品牌形象、包装设计、营销策略等方面，通过增强在市场上的进攻力，使土特产经济实现更好的发展。二是两个方向的同步延链，以及同步提升产业链长度和粗壮度。从原材料供应、生产加工、品牌塑造到市场销售的每一个环节都进行深入挖掘与精细管理，形成完整、较长的产业链条，通过技术创新、模式创新等手段，提升产业链各环节的附加值，让每个环节都能形成特色产业集群，使每个节点都能成为品牌亮点。三是两个融合的同步推进，即兼顾内部融合和外部融合。内部融合强调区域性的土特产经济内部各要素、各环节之间的深度整合与协同以提升整体效能；外部融合则是指土特产经济需积极与大众品经济、数字经济、旅游经济等外部领域相融合，实现跨界合作与资源共享。可以说，"三个同步"（内在品质与外现品质的同步提升、产业链长度与粗壮度的同步延链、内部融合与外部融合的同步推进）是当前推进土特产经济的重要路径，是土特产经济的市场主体、行业管理部门和宏观改革部门要分别关注的，当然还要注意这种路径不是在原有技术条件下推进的，而是在数字化、智能化技术加持的背景下才能实现的。

（三）这个时代靠谁来发展土特产经济

当今时代，是融合的时代、网络的时代，只有充分发挥各方面力量、集成各方面资源，才能更好地发展土特产经济。一是要相信并依靠群众的力量去发展土特产经济。群众是历史的创造者，也是土特产经济最直接的参与者和受益者，而土特产经济本身又是群众性经济，为此要把人民群众特别是基层群众作为土特产经济发展的第一主体，深入了解他们的需求与期望，尊重他们的首创精神和实践经历，让群众成为土特产经济发展的主体和推动者。要统筹倾听群众声音、激发群众参与、共享发展成果，要深化政府体系的自我革命，防止政府自身滋生妨碍土特产经济发展的相关因素。二是要强大企业的力量使其在土特产经济发展中扮演至关重要的角色。要让群众通过群策群力以及自身消费等路径来培育企业和促进企业发展，要在发展中发现并推进优秀企业成长；要结合亲缘、文化等关系来促进产业集群发展和形成产业链合作关系，避免规划园区硬性搬迁等情况出现；要引导企业强大自己，政府机构和公共组织要为企业提供好政策变化和相关预警，在企业遇到难题时不求回报地主动为其解决相关问题。三是要解放市场的力量。市场是资源配置的决定性力量，也是检验土特产经济发展成效的最终场所。要完善市场机制、拓宽市场渠道、激发市场需求、围绕市场创新、引导市场升级、健全市场组织、建立市场标准等，全方位推动市场力量为土特产经济发展服务。综上所述，发展土特产经济重在依靠群众，让群众成为培育市场主体、解放市场力量的第一主体，才能确保土特产经济在融合与网络的时代背景下，实现持续健康发展。

二、土特之问

随着全球化和城市化的快速发展，土特产经济作为一种独特的经济形态，越来越受到社会各界的关注。土特产不仅代表着地域文化和传统工艺，更是地方经济发展的重要推动力。然而，在土特产经济的发展过程中，如何保持其"土"的性质，如何实现"特"与"产"的兼顾，以及如何实现更好的文化赋能，成了我们必须面对和思考的问题。

（一）土特产经济如何保持"土"的性质

土特产的"土"字，既代表着地域性，也寓意着传统与本土特色。在土特产经济的发展过程中，保持"土"的性质至关重要。一是要坚守主体资源，如种植物的种质资源、手工艺品的特色工艺（非遗资源）等，这类资源是土特产的核心竞争力，既要守住不消失，又要守住不流失，还要建立特有的体系予以保护，防范再度出现我国在大豆、人参、景泰蓝等领域资源流失的情况。二是要融入人文资源，不仅要在产品的设计、包装、营销等方面融入地方文化元素，还要在产品的使用细节、运用流程等方面下功夫，用"绣花"功夫在产品细节以及相关节庆活动细节中融入人文资源，推动土特产与文化的深度融合，防止"完成任务"式的融入人文资源的情况出现。三是要保护自然资源，这是保持"土"的性质的基础，既要保护土地、水源、气候等资源，又要在生产过程中遵循生态环保原则，同时必须传承和发扬土特产经济自身蕴含的自然生态理念。总体看，各地的土特产经济改进粗放式思维，认真琢磨细节，通过学好、用好"绣花"功夫来提升精准化、系统化能力，才是保持"土"的性质的关键。

（二）土特产经济如何实现"特"与"产"的兼顾

在土特产经济的发展中，"特"与"产"的兼顾是至关重要的。这既要求我们突出土特产的特色，又要保证其产量和品质。一是抓住人和产品两个节点。这里的人指的是与土特产经济相关的所有参与者，包括生产者、消费者以及相关的服务提供者。要深入了解他们的需求和期望，充分把握他们之间的链条关系，通过人的密切联动增加信息的对称性，以防范供需失衡。产品要保证产量和品质，同时也要保住产品价格，不能只看到供给侧而忽视需求侧的变化。二是抓住产量和价格的动态平衡。在未来土特产经济中要特别重视市场监测、价格调节等工作，要确定产量以及价格的相关预警预报点，及时进行政府干预，以防范"谷贱伤农"等情况出现，才能实现"特"与"产"的兼顾。三是统筹守正与创新的发展节奏。守正是指要坚守土特产的传统特色和优势，保持其独特性和地域性，营造特色场景，是找"老味道"；创新是推动土特产经济提高生产效率和产品质量，拓展市场渠道和消费群体，提升土特产的附加值和市场竞争力，是找"新市场"。"老味道"是"特"，"新市场"是"产"，这就要求土特产经济要结合自身实际去理解守正创新并运用之，以便实现"特"与"产"的兼顾。

（三）土特产经济如何实现更好的文化赋能

文化赋能是提升土特产价值的重要途径。通过深入挖掘土特产背后的文化内涵，我们可以为消费者提供更丰富的产品体验，从而提升土特产的市场竞争力。一是要挖掘历史文化。许多土特产都承载着深厚的历史文化底蕴。我们应深入挖掘这些历史文化元素，将其融入土特产的宣传和推广中。如贵州茅台酒就充分利用了其悠久的酿酒历史和文化背景，成了中国高端白酒的代表。二是要表达创新文化。在挖掘历史文化的同时，我们还应注重创新文化的表达。通过与现代文化、时尚元素的结合，为土特产注入新的活力。如将传统剪纸艺术与土特产包装相结合，既体现了产品的文化内涵，又吸引了消费者的眼球。三是要开展文化旅游。土特产经济与旅游产业的结合具有广阔的前景。我们可以依托土特产的文化特色，开展相关的文化旅游活动，让消费者在游览美景的同时，也能深入了解土特产的文化内涵。如西湖龙井茶产区就通过打造茶文化旅游线路，吸引大量游客前来体验。

三、未来之问

在探讨土特产经济发展时，我们不可避免地会遇到几个涉及未来的问题：自然科学技术的发展、人们消费习惯的改变以及气候异常变化对土特产的影响。这些问题不仅关乎土特产的生存空间，也影响着地方经济的发展和文化的传承。

（一）自然科学技术的发展与土特产的关系

随着科学技术的不断进步，尤其是生物技术和农业技术的发展，人们可能会担忧，这些高度标准化的生产技术是否会消灭土特产的独特性和稀缺性。事实上，科学技术的进步为土特产的生产提供了更多的可能性和保障，而非威胁。以某地特产的柑橘为例，通过引进先进的种植技术和品种改良，该地区的柑橘产量和质量都得到了显著提升。然而，这些柑橘仍然保留了其独特的风味和营养价值，成为市场上的抢手货。科学技术的运用并没有消灭这种土特产，反而提升了其市场竞争力。一般来看科学技术的发展，尤其是农业技术的革新，可以为土特产提供更科学的种植方法和管理手段，从而提高产量和质量。同时，通过技术手段对土特产进行深加工，还可以开发出更多元化的产品，满足消费者的不同需求。因此，自然科学技术不仅不会消灭土特产，反而有助于其发展和创新，也可以说，自然科学技术不会改变土特产经济，只会改进或优化土特产经济。

（二）人们消费习惯的改变与土特产的关系

随着全球化的推进和生活水平的提高，人们的消费习惯也在不断变化。这种变化是否会对土特产造成冲击，甚至导致其消亡呢？近年来，随着健康饮食理念的兴起，越来越多的消费者开始关注食品的天然、健康和地域特色。某山区的野生蜂蜜因其独特的口感和营养价值，受到了越来越多消费者的青睐。尽管市场上的蜂蜜品种繁多，但这种具有地域特色的野生蜂蜜仍然占据了一席之地。进一步看，消费习惯的改变确实会对市场格局产生影响，但并不意味着土特产就会因此消亡。相反，随着消费者对健康和品质的追求，具有地域特色和高品质的土特产反而更受欢迎。因此，土特产需要紧跟消费趋势，通过品质提升和品牌推广来适应市场变化。

（三）气候异常变化对土特产的影响

气候变化对农业生产有着直接的影响，土特产作为地域性特色产品，其生产更是与气候条件息息相关。气候异常变化是否会导致土特产的消亡呢？某地特产的茶叶因其独特的香气和口感而广受好评。然而，近年来气候变化导致该地区降雨减少，茶叶生长受到影响。为了应对这一挑战，当地茶农采取了滴灌、喷灌等节水灌溉技术，同时引进抗旱性更强的茶叶品种，从而保证了茶叶的产量和品质。气候异常变化确实会对土特产的生产造成一定影响，但并不意味着土特产就会因此消亡。通过引进先进的农业技术、改良品种以及采取适应性管理措施，可以有效地应对气候变化带来的挑战。同时，政府和社会各界也应该加强对农业生产的支持，共同应对气候变化对土特产生产的影响。

自然科学技术的发展、人们消费习惯的改变以及气候异常变化都不具有完全消灭土特产的可能。相反，这些变化为土特产的发展带来了新的机遇和挑战。我们应该把握机遇，积极应对挑战，推动土特产经济的持续发展。这不仅有助于保护地域文化和特产资源，还能促进地方经济的繁荣和可持续发展。

第三节

新质生产力是破题唯一路径

不论从现实看，还是从中长期发展看，土特产经济发展都将面临多重挑战。从当前看，具有"特点是创新，关键在质优，本质是先进生产力"的新质生产力已经成为土特产经济破解发展难题、实现可持续发展和更健康发展的唯一路径。

一、新质生产力三大性质决定破解发展难题原理

超快扩散性、超强渗透性和必然持续性是新质生产力的重要性质，也是新质生产力高科技、高效能、高质量三个特征所决定的重要性质。这些重要性质有助于破解土特产经济发展中的关键问题。

（一）新质生产力的超快扩散性有助于土特产经济新质资源整合

新质生产力的超快扩散性使得先进技术和管理模式能够迅速在土特产产业中传播和应用。这种快速的扩散有助于整

个行业快速提升生产效率、强化竞争意识、改进产品质量，推动产业升级转型和内生发展。如现代化农业技术、智能化生产设备和数字化管理系统等，都可以通过新质生产力的扩散性迅速普及到土特产生产和加工中，从而提高全行业的竞争力和市场适应能力。新质生产力的扩散性还体现在市场信息的快速传播上。随着互联网的普及和信息技术的发展，土特产生产者可以更加便捷地获取市场信息、消费者需求和行业动态，进而做出更科学的决策，调整生产策略，满足市场需求，推动土特产经济高质量发展。新质生产力的超快扩散性为土特产的品牌建设和市场推广提供了有力支持。通过社交媒体、电子商务平台等渠道，土特产的品牌故事、产品特色等信息可以迅速传播到更广泛的受众群体中，能够提升土特产的品牌知名度和美誉度，为其打开更广阔的市场空间，促进了土特产经济的繁荣发展。新质生产力的扩散性还有助于推动土特产产业链的协同创新。随着技术快速传播和应用，产业链上下游企业可以更加紧密地合作，共同研发新产品、新技术和新工艺。这种协同创新有助于提升整个产业链效率和竞争力，为土特产经济注入更多的创新活力和发展动力。

（二）新质生产力的超强渗透性有助于土特产经济内部韧性提升

从人的层面看，新质生产力的超强渗透性有助于提升从业者素质，引入先进的教育和培训资源可以提升土特产产业各个环节从业者的知识水平和技能，使他们更好地适应现代化、科技化乃至未来化的生产方式。这种提升不仅有助于提高生产效率，还有助于改变人的思维方式，增强从业者的创新意识和市场竞争力。传统的土特产经济往往受限于地域和传统观念，而新质生产力的引入则能打破这些束缚，引导从业者以更开阔的视野和更灵活的思维来面对市场变化，从而做出科学决策。从产品层面看，新质生产力的超强渗透性有助于提升产品品质。新质生产力的超强渗透性能够深入到产品研发和生产过程中，通过引入先进技术和设备、改进细微生产工艺、调整相关产品成分比例等，提升土特产的品质和口感。这既能满足消费者对高品质产品的需求，还能增强土特产的市场竞争力。新质生产力的超强渗透性，可以为土特产融入更多的科技创新元素和文化内涵，增加产品的附加值，提升单位产品价格，精准强化消费者体验。新质生产力的超强渗透性还能帮助土特产打破地域限制，拓展更广阔的市场空间，让更多的消费者了解和接受土特产，从而推动其走向更广泛的市场。

（三）新质生产力的必然持续性有助于土特产经济的融合共享升级

新质生产力的必然持续性，包括生态持续性、文化持续性、社会持续性等，对于破解土特产经济的深层次问题具有三个战略意义。一是生态持续性有利于破解土特产经济的资源与环境难题。新质生产力的生态持续性强调绿色、环保的发展理念，与土特产经济发展中面临的资源利用与环境保护问题高度契合。传统的土特产生产方式可能对资源和环境造成了较大压力，而新质生产力通过引入环保技术和理念，推动土特产产业实现可持续发展，提高土地、水资源等自然资源的利用效率，确保土特产的生产既高效又节约资源。二是文化持续性有利于强化土特产经济品牌与特色。文化持续性是新质生产力的重要目标之一，它有助于土特产经济在激烈的市场竞争中脱颖而出。新质生产力强调在产品开发中融入地方特色文化元素，使土特产成为文化的载体，增强其市场竞争力。通过挖掘和宣传土特产背后的文化内涵，新质生产力帮助提升土特产的品牌价值，使其在市场上更具吸引力。三是社会持续性有利于促进多样化的土特产经济实现公平与共赢发展。新质生产力的社会持续性旨在实现经济发展的同时，保障社会的公平与和谐。新质生产力通过提高土特产的附加值和市场竞争力，有效增加农民的收入来源，缩小城乡收入差距，带动乡村经济全面发展，实现乡村全面振兴战略目标。

二、新质生产力三大目标决定了破解发展难题的路径

促进产业升级、发展未来产业以及解决社会主要矛盾是

培育壮大新质生产力的主要目标。这些目标不仅体现了新质
生产力的核心价值，也决定了它在破解土特产经济发展中存
在的问题上具有关键作用。

（一）新质生产力通过促进产业升级解决土特产经济短期问题

新质生产力的培育壮大，能够加速自主开发、集成创制
更为先进的技术和设备的进程，进而大幅提高土特产的生产
效率，降低生产成本，提高生产过程标准化和精细化水平，
以解决产量、品质等短期问题。如数字化下的精准灌溉和施
肥系统，可以确保土特产在最佳的生长条件下成熟，进而提
高产品的口感和营养价值。新质生产力支撑下的产业升级还
意味着土特产能够更好地满足市场需求，增强市场竞争力。
新质生产力有助于提高市场调研和数据分析的精准性和科学
性，进而帮助生产者了解消费者的偏好和需求，调整产品策
略，开发出更符合市场趋势的新产品。新质生产力可以开发
出更加吸引消费者的品牌营销方案和包装设计，优化土特产
的品牌形象，使其在激烈的市场竞争中差异化发展并脱颖而
出。新质生产力还可以通过促进产业链上下游的紧密合作与
整合，优化资源配置，提高整个产业链的效率和灵活性。如
建立完善的供应链管理系统，确保原材料稳定供应和成本控
制；与销售渠道深度合作，实现产品的快速流通和市场覆
盖。这些措施有助于解决土特产经济中可能存在的供应链不
稳定、销售渠道有限等问题。新质生产力强调创新驱动，鼓

励土特产产业在技术研发、产品创新等方面持续投入，增强产业自主可控能力，减少对外部环境依赖，增强产业的经济韧性，实现更高质量、更可持续的增长。

（二）新质生产力通过发展未来产业解决土特产经济长期问题

新质生产力注重创新，致力于培育发展新兴产业和未来产业。发展未来产业带来的先进技术、先进产品、先进模式，可以引领土特产产业的多维度创新，以解决土特产经济中品牌维护、生态保护等长期问题。未来产业的发展尤其是数字经济的崛起，为土特产提供了全新的销售渠道。如社交媒体营销等方式让土特产可以突破地域限制，触达更广泛的消费者群体，提升了产品的市场曝光度和销售能力。发展未来产业，能够促进土特产与其他产业的融合发展。例如，结合文化创意产业打造土特产的文化品牌，融合光电产业调控生长周期，融合生物产业改善产品品质等。这种产业融合以技术融合为基础，能够解决土特产经济中产品单一、缺乏差异化竞争的问题。借助未来产业的营销理念和手段，新质生产力帮助土特产加强品牌建设和市场推广。通过精准定位、品牌故事打造、线上线下营销活动等方式，提升土特产的品牌知名度和美誉度，解决土特产在市场竞争中品牌影响力不足的问题。

（三）新质生产力通过解决社会主要矛盾破解土特产经济中人的问题

新质生产力的发展有助于满足人民群众日益增长的对美好生活的需求，解决发展不平衡不充分的社会主要矛盾，进而通过解决社会主要矛盾，有效破解土特产经济中与人相关的关键问题。一是新质生产力将不断壮大人民群众对美好生活的需求，进而不断扩大对高品质土特产的需求。新质生产力将改变人的需求结构，使消费者从需求侧对土特产提出更高品质、更加健康的新要求。这将倒逼解决土特产经济中产品品质参差不齐的问题，还能促进土特产产业的消费升级。二是新质生产力通过引入现代科技和管理模式，帮助落后地区提升土特产产业的竞争力，从而实现区域均衡发展，解决因地域差异导致的土特产经济发展不平衡的问题。三是新质生产力有助于解决不充分发展的问题。在土特产经济中，新质生产力推动生产者采用环保的种植、养殖和加工方式，降低对环境的破坏，同时提高资源的利用效率，有助于解决土特产经济发展过程中可能出现的资源浪费和环境污染问题，实现经济效益与生态效益的双赢。新质生产力通过解决社会主要矛盾中的不平衡不充分发展问题、满足人民日益增长的对美好生活的需求以及促进可持续发展等举措，有效地破解了土特产经济中的关键问题，推动了整个产业的持续健康发展。

三、新质生产力三类技术提升土特产经济破解发展难题的能力

数字技术、生态技术和未来技术是新质生产力的重要基础，其中数字技术或者基于数字技术的生产力是激发新质生产力的关键，生态技术或者基于生态技术的生产力是发展新质生产力的基石，未来技术或者基于未来技术的生产力是引领新质生产力的引擎。对于土特产经济而言，这三类技术将在打破产业瓶颈、改变产业质态、创新发展模式等方面发挥关键作用。

（一）数字技术有利于解决时代之问

新质生产力中的数字技术有利于解决土特产经济面临的时代之问。一是有利于解决这个时代需要什么样的土特产经济问题。数字技术之下，消费者对于产品的信息透明度要求越来越高，同样生产者对于消费者的要求越来越清晰。土特产经济既要借助数字技术实现产品信息的全程可追溯，从源头保证产品质量和安全，满足消费者对健康、环保、品质的需求；也需要借助数字技术分析消费者的购买行为和偏好，为土特产经济提供精准的市场定位，通过数据挖掘和预测分析，助力企业开发更符合消费者个性化需求的产品甚至定制化服务；还需要借助数字技术提升土特产的生产、管理和销售效率，减少资源浪费，促进产业可持续发展。二是有利于解决这个时代怎么发展土特产经济的问题。数字技术下生产

者可以利用大数据进行市场调研分析，了解消费者需求、行业趋势和竞争对手情况，对未来趋势、消费偏好等进行模拟及预判，为土特产的定位、产品开发和营销策略提供支持；可以应用物联网技术提升生产效率，在土特产产品生产过程中引入物联网技术，提高产量和质量；可以搭建电商平台拓展销售渠道，借助数字技术搭建线上销售平台，打破地域限制，让土特产走向更广阔的市场，通过社交媒体营销、直播带货等新型销售模式，增强与消费者的互动和黏性；可以建立质量追溯系统提升消费者的信任度，让消费者能够追踪产品的生产、加工、运输等全过程，增强消费者对产品的信任感。三是有利于集成资源解决这个时代靠谁来发展土特产经济的问题。数字技术能够更好地强化政府引导与支持能力，精准发挥政府在土特产经济发展中的作用，通过制定相关政策、提供资金支持、建设基础设施等方式，推动土特产经济更好发展；可以推动产学研合作，让产学研各类主体更好地分配任务、协调利益、提高绩效，让研发创新资源更好发挥作用；可以有效培养新型职业农民与专业人才，降低生产者接受培训的成本，同时也可更好地应用数字技术以及其他技术发展土特产经济；可以更好地接受消费者信息反馈，把消费者声音和需求更直接地传递给生产者。

（二）生态技术有利于解决土特之问

新质生产力中的生态技术有利于解决土特产经济面临的

土特之问。一是生态技术有利于土特产经济保持"土"的性质。发展和采用生态农业技术，特别是环境监测以及环境模拟等相关技术，能够让土特产更加接近自然状态，有利于保持土特产的原始品质和"土"特色。利用生态技术有利于保护和保存地方品种和种质资源，包括地方特有的农作物和畜禽品种，从而确保土特产的"土"味不变，防止品种退化。生态技术与传统农耕文化相结合，可以保持土特产的传统制作方法和工艺，使消费者在品尝土特产时能够感受到独特的乡土气息。二是生态技术有利于土特产经济实现"特"与"产"的兼顾。利用生态技术提升产品品质，提高土特产产品的品质和产量，能够确保其"特"色和市场竞争力。加强科研机构、高校与土特产生产企业的合作，研发和推广适合当地特色的生态技术，建立完善的、基于生态技术标准的特色农产品认证体系，利于确保土特产的独特性和品质，可以提升消费者对土特产的信任度和购买意愿，从而促进"产"的发展。三是生态技术有利于实现更好的文化赋能。利用生态技术推动土特产经济与乡土文化的深度融合，通过挖掘和传承当地的农耕文化、饮食文化等，为土特产注入更多的文化内涵。结合生态技术，打造具有地方特色的农业观光园、体验农场等，让消费者亲身体验土特产的文化魅力。强化生态技术和数字技术融合，借助互联网和新媒体平台，宣传土特产的文化价值和生态优势，吸引更多消费者的关注和购买。同时生态文化与数字技术的融合，强化与知名文化 IP 合

作，也可显著提升土特产的文化附加值和品牌影响力。新质
生产力中的生态技术在保持土特产的"土"性、实现"特"
与"产"的兼顾以及文化赋能方面发挥着重要作用，可以推
动土特产经济的持续健康发展。

（三）未来技术有利于解决未来之问

新质生产力中的未来技术（或颠覆式技术）能够解决和
应对土特产经济的未来之问。一是运用新一代科学技术促进
土特产经济不断升级换代。如通过类似于基因编辑、精准农
业等的下一代技术，可以通过挖掘、强化影响产品品质的特
效基因，改善土特产的品质、提高产量，并减少对环境的影
响；利用纳米技术、新材料技术等改善土特产的保鲜和储存
方式，延长其货架期；使用 3D 打印技术来创造独特的土特
产包装，增加产品的附加值。二是利用未来技术让土特产适
应人们的消费习惯。如利用新一代大数据和人工智能技术，
分析消费者的购买历史和偏好，为土特产提供定制化的产品
和服务，满足消费者的个性化需求。利用孪生技术、元宇宙
技术等，帮助消费者在线体验土特产的生产过程，增加其对
产品的了解和信任，从而提高购买意愿。三是利用未来技术
帮助土特产经济应对气候变化挑战。例如，利用物联网、人
工干预天气等技术，可以为土特产提供最佳的生长环境，减
少气候变化对产量的影响。编辑作物的基因，可培育出更耐
旱、耐热或耐寒的品种，以适应气候变化带来的极端天气。

发展室内或垂直农业，利用 LED 灯光和营养液栽培等技术，减少对外界气候的依赖。新质生产力中的未来技术和颠覆式技术能够为土特产经济提供更多的发展机遇和解决方案，促进土特产经济更加繁荣和可持续发展。

第四节

"三新两融合"：实践中的探索

对土特产经济而言，在数字乡村建设下"手机是新农具、数据是新农资、直播是新农活"的理念和实践体现了生产方式的转变和生产力的变迁，是新质生产力赋能土特产经济发展的一种超前尝试。这种实践的快速传播和深度渗透，也体现了新质生产力的超快扩散性和超强渗透性，推动着新质生产力网络与土特产市场网络的融合、新质生产力节点与土特产链条节点的融合，形成了微观上的"三新"+宏观"两融合"支撑土特产经济发展的特色实践。

一、"三新"的实践逻辑与广泛应用

把大数据、云计算、移动互联网等引入乡村产业，加快发展农村电商、中央厨房、直供直销等新业态，让手机成为新农具，数据成为新农资，直播成为新农活，农民点点鼠标、划划手机就能搞生产、卖产品、增收入，这是近年来我国农业农村领域以及土特产经济发展的重要趋势。在数字乡村建设不断深入的基础上，"手机是新农具、数据是新农资、直播是新农活"这一理念和实践已经广泛普及。如媒体报道，贵州省榕江县同步打造县级新媒体助力乡村振兴产业园、乡镇（街道）新媒体服务中心、村（社区）新媒体服务站，形成了县乡村三级组织体系，进一步实现"让手机成为新农具、数据成为新农资、直播成为新农活"；青海玉树"江源玉树，电商农牧……在电商直播行业创新创业，把玉树生态美景、民俗文化、美食和各类特色产品宣传好，让玉树特色农牧业搭上直播'顺风车'，带动传统行业发展之路越走越顺、越走越宽"等。在这些实践中蕴含着丰富的新质生产力思维和实践逻辑。其中，"手机是新农具"是综合了土特产产品生产经营的信息获取的便捷性、生产管理的智能化、市场对接的直接性等特点的集成式终端型农具，在信息基础设施普及的加成下，对于土特产经济主体以及用户而言，"一机在手、天下我有"，打破了传统的土特产经济的区域性局限；"数据是新农资"则是综合了土特产产品生产经营中的政策信息数据、市场经营数据、自然生态数据、产品自身数据等相关资源并依托智能化手段进行整理分析再匹配，着力于实现政府政策、生产者、消费者、土特产品以及相应生产资料的精准统一，形成真正的让每个人都能感觉到的"特"，并进而实现决策支持的科学性、资源配置的优化性和风险防控的有效性。"直播是新农活"是综合了土特产产品"特色性"、生产者场景"特色性"、消费者体验"特色性"以及直播者本身的"特色性"等特征而形成的，运用手机以及数据实现了消费者与生产者的无缝衔接，减少了传统生产经营与市场运作模式下的交易费用，体现了新质生产力对土特产经济营销方式的创新性、消费体验的互动性、市场反馈的即时性等方面的赋能和加成。

在这些内在逻辑下，同时也在智能化趋势加速、数据化水平提升、直播营销常态化等现实发展趋势下，"手机是新农具、数据是新农资、直播是新农活"更多地体现出三大特征。一是便捷性，无论是手机作为新农具还是直播作为新农活都体现了便捷性的特点，农民可以随时随地通过手机获取农业信息、管理农田作业；可以通过直播平台与消费者进行互动交流展示农产品的生产过程和文化内涵，这种便捷性提高了土特产品生产效率，拓宽了土特产品市场空间。二是精准性，数据作为新农资的主要特征在于其精准性，通过对土特产生产经营销售过程中产生的各类数据进行收集和分析，可以发现不同土特产品的差异化规律和深层次关联，为生产者、消费者、管理者提供科学、精准的决策支持。三是互动性，直播作为新农活的一个重要特征在于其互动性，通过直播平台生产者可以直接与消费者进行互动交流，了解消费者的需求和偏好；消费者也可以实时观看农产品的生产过程提出问题和建议，这种互动性强化了消费体验，增强了消费者的参与感和满足感，提高了农产品的信任度和忠诚度。

专栏一 关于"手机是新农具、数据是新农资、直播是新农活"调研体会

　　笔者于 2024 年 4 月有幸到榕江县调研和感受"手机是新农具、数据是新农资、直播是新农活"情况，认为榕江县在这方面能够先走一步具有特定的前提。榕江县县域经济已经从拼资源、拼生产、拼招商、拼补贴、拼规模的"传统五拼"发展时期进入拼特色、拼创意、拼体验、拼流量、拼效益的"新五拼"发展时期。榕江县域经济正在推动作为其服务型土特产的"村超"活动向"村超"品牌跃升，其中群众路线、品牌逻辑、流量叠加、融入国家战略等经验都值得借鉴。

一、榕江经验

（一）群众路线是根本

　　"村超"作为一项具有 80 余年历史的群众活动，在政府部门"发展靠群众、群众靠发动、发动靠活动、活动靠带动"理念加持下，在 2023 年成为"现象级"赛事，并进而成为"现象级"品牌。其中蕴含的"群众路线"——相信群众能够搞得好、助力群众搞得更好——提升了本地劳动者积极性和自信度。可以说，榕江县通过"村超"的赛事活动和品牌打造，"聚全国乃至全球之人

流"增强了农村非农产业的需求,"凝乡村乃至城乡之人气"增强了城乡融合发展之动力,"强乡村以及产业发展之信心"增强了农村创新发展之可能。

（二）品牌逻辑是核心

"村超"已经从一个活动向一个品牌跃升,这种跃升体现在柔性公益引进200多名专家学者、文化名人和企业家担任乡村振兴、足球事业发展顾问,聘请200多名知名人士担任名誉村主任、乡村振兴大使、文旅推广大使,也体现在很多主播自发汇聚并直播"村超"上,更体现在120余项"村超"商标注册集群上。可以说,"赛事活动形成流量＋品牌逻辑强化流量＋共同带动地方特产流量"的品牌赋能逻辑,已经探索了理念性跃升、整体性设计和系统性布局的一体化推进,架构起了县域经济发展新模式。

（三）共享体验是精髓

从赛事免费、美食免费等方面可以看到,"村超"中蕴含着人民群众开放共享、基层政府开放共享和"村超"文化开放共享三个层面的开放共享理念,并且已经具有了一定的国际影响。榕江县全力打造贵州省对接融入粤港澳大湾区"桥头堡"主阵地,"村超"已经与英超联赛达成战略合作,"村超"已经到非洲大地落地生根等,不仅体现了"村超"活动所独具的开放共享元素,也体现出"村超"借助人类命运共同体战略融入全球共享场景之中。"面向群众需求提供共享＋围绕国家战略接受共享"形成了榕江搭建共享场景的特色模式。

（四）数字融入是能量

榕江经验中数字技术应用发挥了关键作用，其依靠数字技术应用和流量经济特征已经迅速"出圈"，实现了"足球是全球第一流量＋民族文化是特色流量＋区域特产做实物流量"流量叠加的良好效果。这里既有榕江县新媒体产业园的不断探索，也有开放式建设流量平台的支撑，更有地方政府和人民群众的不断实践，这些都不是一帆风顺的，是在多次探索后找到的"赛事活动、特色文化以及目标导向"的流量密码，让数字引领成了区域发展的真正能量。

二、四点建议

（一）适应县域经济发展规律的变化

榕江经验显示，县域经济已经从拼资源、拼生产、拼招商、拼补贴、拼规模的"传统五拼"发展时期转向拼特色、拼创意、拼体验、拼流量、拼效益的"新五拼"发展时期。在此基础上，要着力加强对县域决策者三个方面的培训和引导，以适应县域经济发展规律新变化。一是提高县域决策者的顶层设计能力，特别是要把创意元素融入其中，否则，顶层设计无创意，县域发展不可能有创意。二是提高县域决策者的深层挖掘能力，特别是要把在全国甚至全球具有特色的文化资源挖掘出来，或者将未被别人利用的具有全球影响的文化资源抢进来。三是提高县域决策者的流量服务思维，引导县域决策者们少说"我有什么资源"、多讲"我有什么流量"，少说"我有什么项目"、多讲"我有什么服务"。

（二）强化群众路线和特色文化结合

榕江经验显示，"群众喜欢的"才是"最有价值的"。只有在群众最喜欢的事情中或特色文化中进行挖掘，才能找到县域经济最具有根植性和内生性的领域。在此规律下，要着力加强对县域各类主体三个方面引导和支持。一是深化改革推动特色文化挖掘和价值实现，深化县域经济文化事业单位改革，聚焦文化价值挖掘功能，依靠群众路线用好用活县域文化事业单位，让他们成为县域文化资源的推动者和受益者。二是支持打造县域内的村级联盟，共兴乡土文化，依靠群众自身，通过搞起联赛、架起直播、探索竞拍、涌动流量，让乡土文化活起来、动起来。三是加强区域特色文化价值实现方面的特色培训，支持县域内非遗文化走出去，与其他要素融合起来进行价值实现，而不是待在家里等着别人来挖掘和进行价值实现。

（三）开放用好流量工具和平台经济

榕江经验显示，要让懂流量的人运营流量工具，要用免费体验运营平台经济，要用政府信用保障流量和平台。为此，要加强三个方面工作：一是加强对县域文化类流量运营和平台经济的清查普查，特别要了解政府和运营商之间关系是否清晰，是否存在流量和平台运营被政府内部人控制的情况；二是要强调开放属性，推动县域经济引入具有全国网络的服务机构进行流量和平台运营，以带动本地资源更好地融入全国统一市场；三是要显著让利，先让运营商挣钱再让本地财政增收，通过提高运营商积极性来提高资源资金资本间的长期、可持续的转化能力，要有长期化思维和战略化思维，不能"割茬韭菜就换人"。

（四）融入国家大战略，实现加速发展

榕江经验显示，县域经济需要借助国家战略才能提升能级，并进而共享国家发展红利。要从三个方面引导和推动县域经济，共享国家重大战略红利。一是要引导县域经济决策者和市场主体正确认识国家战略（国家战略不是国家赋予地方的区域重大战略，而是决胜于国家间竞争而采取的战略），要在中国式现代化进程中，在"一带一路"新格局中，在构建人类命运共同体和探索人类文明新形态的实践中自信自立地探寻真正的发展机会。二是引导县域经济决策者和市场主体提升融入国家战略的能力，不要只盯着自己的"一亩三分地"搞战略搞规划，一定要"放眼全球找机会、立足自身谋发展、寻找伙伴共振兴"。三是支持县域经济决策者和市场主体专精化发展，按照"一县一业"的发展思路，坚持久久为功，杜绝总换方向，"盯紧细分行业下功夫，埋头一个方向搞突破"，以实现县域发展的真正升级。

基于以上情况，可以说"手机是新农具、数据是新农资、直播是新农活"是农业新质生产力的重要体现，是新质生产力赋能土特产经济发展的重要表现，构建了城乡要素平等交换、双向流动的新场景，实现了推动产业转型升级、农民增收致富、乡村战略实施等目标，而且这一进程仍在持续发展。在这一实践中，手机作为集成终端，为农业生产提供了全方位的信息支持和管理服务；数据作为媒介载体，传递着农业生产中的关键信息，支撑着精准决策和资源配置；直播作为表现形式，以独特的互动性和即时性，为农产品的营销和推广注入了新的活力。三者相互关联、相互促进，共同构成了现代农业以及土特产经济发展的新质生产力。这种实践，不仅改变了劳动者的劳动习惯，也推动着生产资料、生产工具正在发生质的变迁，这些都将深刻改变土特产经济的传统模式和管理方式，成为新质生产力赋能土特产经济发展的先行军。

二、新质生产力网络与土特产经济网络的融合

全国统一大市场体系建设是培育发展新质生产力的重要

基础，新质生产力的相关要素——劳动者、生产资料、生产工具等——处于这一体系中；土特产经济发展相关业务——研发、种植、加工、营销等，也处在这一体系中。在这种情况下，两者将因为新质生产力的扩散性和土特产经济的持续性而融合在一起。

新质生产力网络是基于现代信息技术、物联网、大数据、人工智能等先进技术手段构建起来的生产力体系。这个网络涵盖了创新链、产业链、供应链等多个环节，通过高效的信息传递、弹性的政策体系和优化的资源配置，实现生产力的快速提升和经济的高质量发展。在新质生产力网络中，企业、科研机构、高校、政府部门等多元主体紧密合作，共同推动科技创新和产业升级。新质生产力网络通过技术创新和产业升级，不断催生新的产业形态和商业模式，为全国统一大市场的形成提供了强大的内生动力。全国统一大市场的建设也为新质生产力网络的发展提供了更加广阔的市场空间和资源支持，两者相互促进、相得益彰。全国统一大市场对土特产经济也有显著的促进作用，通过打破地域限制，使得土特产能够面向全国甚至全球市场进行销售和推广，极大地拓宽了销售渠道和市场空间，提升了土特产的标准化、规范化和新质化水平。全国统一大市场通过优化物流体系、降低交易成本等措施，降低了土特产的流通成本和销售价格，提高了产品市场竞争力。全国统一大市场还通过加强品牌建设和质量监管等措施，提升土特产品牌形象和消费者信任度。

随着信息技术的飞速发展和全国统一大市场建设的深入推进，新质生产力网络与土特产经济网络的融合发展已成为必然趋势：一方面，新质生产力网络通过技术创新和产业升级，不断催生新的产业形态和商业模式，为土特产经济的发展提供了更加广阔的市场空间和资源支持；另一方面，土特产经济作为地方特色经济的代表，蕴含着丰富的文化价值和生态资源，是新质生产力网络创新发展的重要源泉之一。

从融合路径上看：技术创新方面，新质生产力网络中的先进技术与土特产经济深度融合，通过智能化、数字化等手段提升土特产的生产效率和产品质量，打造具有核心竞争力的特色品牌，让土特产经济网络具有强大的产品支撑；市场空间方面，新质生产力网络中的先进平台以及先进模式与土特产经济深度融合，通过专精化、定制化等手段可以拓宽土特产的销售渠道、市场空间，乃至增加土特产产品的市场容量，改变市场竞争结构；质量监管方面，新质生产力网络的形成能够提高全国统一大市场网络的品牌赋能能力与质量监管能力，有利于土特产经济形成完善的质量追溯体系和售后服务体系，有利于改进监管方式、提升监管效率从而促进土特产经济内生创新发展以及标准规范发展；产业融合方面，推动新质生产力网络与土特产经济网络中的相关产业协同发展，可以形成优势互补、互利共赢的产业生态体系，以新质生产力网络提升土特产经济的劳动者，改进土特产经济的生产工具和生产资料等，能够形成很多新的细分产业和优势领域。

从融合过程上看，新质生产力网络与土特产经济网络的融合将呈现出一个逐步深入、相互促进的过程。具体来说：初期阶段，两者之间开始建立初步的联系和合作，通过信息共享、技术交流等方式相互了解和认识，土特产企业开始尝试引入新质生产力网络中的先进技术和创新模式，提升自身生产效率和产品质量，这是依托企业主体进行点状的融合；中期阶段，两者之间的合作逐渐深入，形成稳定的合作关系和产业链条，新质生产力网络为土特产企业提供全方位的支持和服务，包括技术研发、品牌建设、市场拓展等方面，土特产企业依托新质生产力网络的支持，不断提升自身竞争力和市场地位，逐步走向全国乃至全球市场，这是两者基于供应链的链条式融合；后期阶段，两者之间实现深度融合和协同发展，形成具有高度竞争力和创新能力的产业生态体系。在这个体系中，新质生产力网络与土特产经济网络相互依存、相互促进，共同推动地方经济的高质量发展，这个产业生态体系还将具备强大的国际竞争力和影响力，为中国在全球经济治理中发挥更大作用提供有力支撑。这是基于资本网络、人才网络、知识网络、文化网络等形成的全网式融合和全景式融合，也是命运共同体式的融合。

从融合前景上看，两个网络的融合可以提升增强土特产经济的产业韧性和地方经济整体竞争力，实现经济高质量发展；可以解放和发展土特产领域生产力，让劳动者创造更多价值，拓宽农民收入渠道，提高农民收入水平；可以丰富市场供给，满足消费者多元化需求，甚至创造出消费者的新需求；可以传承和弘扬地方特色文化，增强文化自信和民族自豪感。总体上看，两个网络具有融合的可能性、可行性以及美好的发展愿景，这种融合将成为新质生产力赋能土特产经济发展的重要内容之一。

三、新质生产力节点和土特产链条节点的融合

新质生产力与土特产经济融合是一个不断变化的过程，找准节点推动新质生产力与土特产经济融合十分关键，特别是在两类网络融合的初期阶段更是如此。在我国土特产经济发展历史中，不乏因为节点找错而令土特产经济停滞乃至萎缩的案例。

土特产链条节点重在把握供需平衡和持续发展。土特产经济产业链条既包括实物产品的供应链，也包括无形资产的品牌链，两者相辅相成共同构成了土特产经济的产业链。不同的土特产产品在不同的发展阶段上，其关键节点也是不同的。例如：越是初级的土特产产品越需要防范自然风险和市场风险，一场自然灾害或者一次价格波动的影响往往是决定性的；越是高级的土特产产品越需要防范品牌风险和金融风险，一个负面新闻或者一次资金断链的影响往往是致命的。同样在过去的实践中不难发现，越是初级产品的生产地或者市场主体，越追求扩大产量的目标，而容易忽视供求关系变

化，导致生产资料以及产品价格方面的剧烈波动；越是高级产品的生产地或者市场主体则越追求品牌形象或者产品多元化，而忽视了专精发展和产品内涵的提升，导致负面新闻或者资金断链等情况的出现。也就是说，当前土特产链条节点的选择和确定，针对初级产品阶段要放在量价稳定上和应对气象变化及气候变化方面，因为这两者往往被生产者、管理者所忽视；针对高级产品阶段则要放在产品质量、品牌维护以及保障资金安全方面。

而新质生产力作为基于科技创新和数字技术而形成的新型生产力形态，恰恰在这些方面能够发挥关键作用。针对土特产经济的初级产品，新质生产力的运用能够更好地模拟市场运行，更好地预测气象条件，更好地发现潜在风险，从路径上看关键在于强化有利于土特产初级产品发展的新型基础设施建设，搭建有利于初级产品生产、流通、提升的全方位场景。针对土特产经济的高级产品，新质生产力的运用重点在品质保障、形象维护以及资金链维护方面，从路径上看关键在于形成有利于土特产高级产品发展的生产团队、品牌团队和资金团队，换言之核心是利用新质生产力找到合适的人来实现可持续的发展。当然，以上提到的只是最关键节点，其他方面还包括但不限于科技研发与创新节点（种质创新、智能装备、场景体验等）、数字管理与营销节点（大数据收集分析与精准营销、新形式的电商平台与直播带货等）、品牌建设与文化传播节点（品牌故事与文化挖掘、文化旅游与体验营销等）、绿色生态与可持续发展节点（绿色生产与环保包装、生态农业与循环经济等），并通过这些节点串联成链、互联成网，推动土特产经济实现高质量发展并为社会创造更大的价值。

如果想实现土特产经济链条节点与新质生产力赋能节点的深度融合、快速融合和有效融合，则还需要注意以下五点。一是土特产企业要明确自身的融合目标和路径。根据自身的实际情况和市场环境确定融合的重点领域和关键环节，并制订具体的实施计划和时间表，注重与产业链上下游企业的协同合作形成合力，共同推动融合进程的加速推进。二是加强科技创新和数字化转型。强化新质生产力节点赋能的硬件环境，加大科技研发投入力度，引进和培养高端人才，推进信息化建设和智能化改造，提升生产效率和产品质量稳定性以及消费者体验满意度等。三是优化资源配置和流程管理。土特产经济链条节点与新质生产力赋能节点的深度融合需要制度层面和文化层面的保障。要注意企业治理结构的调整以整合内外部资源，形成优势互补和资源共享。也要注重流程管理精细化和标准化，确保各个环节之间的顺畅衔接和高效协同。四是强化品牌建设和市场营销。注重品牌塑造和传播，提升品牌形象和知名度以及美誉度，加强市场营销力度，拓展销售渠道和市场空间，举办各类活动加强与消费者的互动和沟通，着力防范市场舆情风险。五是注重可持续发展和社会责任。坚持绿色发展理念，推进生态环保和节能减排工作，降低对环境的影响，注重社会责任的履行，积极参与公益事业和社会活动，赢得更多消费者的认可、政府部门的信任。

　　土特产经济链条节点与新质生产力赋能节点的融合是一个复杂、系统、精准、谨慎的过程，是一个"牵一发而动全身"的工作，必须科学把握企业实际、产品实际和产业实际，必须充分分析人才现状、资金现状和主要问题，才能找准关键予以突破，才能借助新质生产力走向高质量发展的康庄大道。

专栏二 **推动药食同源类土特产行业高质量发展的思考**

　　药食同源产业是我国极具特色的产业领域之一，兼具乡村特色产业、文旅融合产业、生态富民产业、战略新兴产业等多重属性，在我国经济社会发展中发挥着不可替代的作用。同时，药食同源类产业也是土特产经济与新质生产力融合走在前沿的一个领域，笔者认为梳理药食同源产品的消费趋势，克服药食同源产业的传统惯性，是药食同源产业高质量发展的关键所在。

一、药食同源产业发展核心是把握消费趋势

　　药食同源核心在"食"不在"药"，而"食"的重点是因人而异、因地而异、因时而异。为此，要在切实保障具有一定"药"的功效基础上，在"食"字上下功夫、

做文章。重点是要把握如下三个趋势。

一是全产业链的绿色化趋势。追求健康是药食同源产业的核心，也是当代消费者最为关心的问题。为此，药食同源产业最为重要的一个发展趋势是全产业链的绿色化趋势，包括种子、种植、肥药、收获、加工、设备、运输、仓储、检验以及科研等环节，并强化绿色化数据可查可享可溯源，同时还要加强全产业链绿色化场景的宣传以及进一步研发创新。只有如此才能与时俱进地升级全产业链，才能形成药食同源产业的新质生产力。

二是高端产品的订制化趋势。在全国统一大市场以及大数据等政策的支持下，药食同源产业中的高端产品未来必然会强化订制化趋势，包括种植场景的订制、生产场景的订制、仓储场景的订制以及产品形状、色泽、功效甚至相关因子含量的订制。这种订制化需要精准高效的数字技术给予支撑，同时也能支撑起高端产品的价格和品牌，如高端的林下参产品、灵芝产品等都需要关注这一趋势。

三是普通产品的零食化趋势。药食同源产业中最大的市场还是来自普通消费者，相关产品要兼顾年轻消费者的零食化趋势和老年消费者的易食化趋势，其中最重要的是开发年轻消费者的市场。根据年轻消费者的购买习惯和消费倾向，在确保药食同源产品特殊功效的同时，开发易于随时使用的零食产品，推出基于主播带货的新型产品，打造旅游伴生的愉悦类食品。

二、药食同源产业的发展重点是克服三大惯性

药食同源重点在"养"不在"长"，"养"的精髓是质量为上、持续发力、久久为功。为此，要在把握稳中求进、持续发展的基础上，着力克服传统路径依赖。重点是要把握发展趋势，强化耐心思维，克服三个惯性，避免野蛮生长。

一是克服产业发展的规模化惯性，推动规模化惯性向精品化效益化转型。药食同源产业属性与药食同源产品功效具有一致性，就是要质量为上、功效为上和可持续发展。药食同源产业不应把营收规模扩大、原料产量扩大等作为发展的主要目标，而要改变这种思维惯性，把产品质量和产业效益作为第一目标，把品牌建设和价格控制作为重要路径。只有通过这种转型，才能让药食同源产业更具韧性，防止因规模扩大而产生管理、资金以及品牌支撑等方面的不确定性。

二是克服产业创新的延链化惯性，推动延链化惯性向枢纽化平台化转型。药食同源产业属性与食品产业属性具有相似性，核心都是开发面向消费者的市场终端产品。为此，药食同源产业的重点不是延长产业链、不是搞精深加工，其重点是了解市场需要、引导市场需要。也就是说药食同源产业要把向枢纽化、平台化转型作为

方向，着力打造资源整合的枢纽和信息交互的平台，并在资源整合和信息交互中不断地推出适应市场需求的产品，同时也整合多元化的药食同源产品共筑枢纽和平台。

三是克服产品品质的口号化惯性，推动口号化惯性向口碑化标准化转型。药食同源产品品质保障方面最忌讳"王婆卖瓜、自卖自夸"，不能只是政府部门和生产者来说"多好"，而是要让消费者"体验好"，要让标准保证"品质好"。这就需要在口碑化标准化方面下功夫，并与枢纽化平台化转型相结合进行系统设计，努力推动多样化、非标化的药食同源产业在关键环节上的标准化，努力打造药食同源口碑化信息的流转枢纽，努力提升药食同源产品更具市场信息及时应对市场需求变化的弹性能力。

三、药食同源产业发展关键是用好五大工具

药食同源着眼在"融"不在"创"，"融"的对象是用好技术、电商、标准、品牌、政策五大工具。要在重视"食"的产品属性和"养"的产业属性基础上，推进药食同源产品与其他因素融合起来，尊重原汁原味，谨慎推动创新，形成药食同源产业追求高质量发展的独特模式。

一是用好技术工具，保障产品功效实在。不能仅仅把科学技术用在提高产品产量、丰富产品功能以及推动精深加工方面，还要把科学技术聚焦到药食同源产品的

功效上，推动科学技术手段在保障产品功效的全链条上下功夫，包括寻找药食同源产品的功效核心因子、最大功效种植技术、最佳功效加工技术、延长功效保质周期等。

二是用好电商工具，保障市场网络畅通。不能让电子商务仅仅成为药食同源产品流通的平台，还要推动电商工具功能提升，注重倾听和分析电商平台信息反馈，增加药食同源产品类别，强化药食同源产品创意，推动药食同源产品亲民化。要注意与电商平台配套的运输、储运、检测等相关体系建设，防止因为节点问题造成市场网络不畅通。

三是用好标准工具，保障全程规范生产。药食同源产品多、类别广、市场散，标准化管理以及标准化生产都需要加强。要针对这些特点，制定《国家药食同源产品标准体系指引》以及药食同源产品特定功效因子含量的指导线（如人参食品中皂苷含量的比重指导线等）。要加强药食同源产品在生产工艺、物流体系等相关配套领域的标准化建设。

四是用好品牌工具，保障产业价值提升。药食同源产品品牌运行规律比较繁杂，既需要超大品牌健康产品发挥作用，又需要网红品牌零食产品拓展市场。从现实看，要把握网红品牌产品的孵化，并从网红产品品牌中不断培育可能成为超大品牌的产品；从政策上，要引导财政、金融资源向具有潜力的网红品牌倾斜，推动网红品牌做大做强和持续发展。

五是用好政策工具，确保产业融合发展。进一步推动政策精准创新，把药食同源产业的乡村特色产业、文旅融合产业、生态富民产业、战略新兴产业等多重属性发挥出来。要着眼于中国式现代化的战略需要，在保障药食产业药材用地、支持药食同源产品宣传、打造药食同源特色小镇、设立药食同源产业基金、谋划药食同源产品专项、明确药食同源产品核心标准、传承药食同源非遗技术等方面下功夫，确保产业在可持续发展下能够显著提升经济效益。

第五节

真的不远！人人都是生产力

前面四节从新质生产力的概念内涵演进、土特产经济高质量发展三问、新质生产力作为土特产经济破题路径以及"三新两融合"的实践逻辑看，新质生产力的内在核心是人民之力、外在表现是创新之力、面向未来是持续之力，赋能发展是绿色之力和实践之力。从土特产经济发展实践看，从"因地制宜发展新质生产力"的原则看，可以说"真的不远！人人都是生产力"，人人都在主动接纳、融入新质生产力，并推动着新质生产力赋能土特产经济发展。

一、发挥人的主体作用，改变思路就是新质生产力

思路决定出路，这在土特产经济中尤为明显。传统的土特产经济往往依赖于自然资源和传统工艺，产品单一，市场狭窄。然而，只要稍微改变一下思路，就能开辟出一片新天地。以某地土特产蜂蜜为例，当地的蜂蜜生产者长期以来只是简单地将蜂蜜提炼后出售，产品单一，附加值不高。后来他们改变思路，开始将蜂蜜与其他土特产如枸杞、红枣等结合，开发出更具养生功效、更具市场卖点、更具地方特色的蜂蜜产品，让蜂蜜从产品向商品迈进了一大步，也让劳动从生产向创新迈进了一大步，不仅丰富了产品类别，提高了产品价值，还验证了创新思维，增强了蜂蜜的市场竞争力。关键是卖出去，然后是以更好的价格卖出去，再然后是更可持续地卖出去，把这个思路贯穿到土特产的生产经营中，就可以推动土特产经济引进融入更多的新质生产力。这也表明，只要改变思路，每个人都可能成为推动土特产经济发展的新质生产力。

二、激活人的创意能力，改变形象就是新质生产力

形象是产品的第一张名片。在土特产经济中，产品的直接形象和正面形象直接影响着消费者的购买意愿。一个美观独特的产品形象或者一个充满正能量的品牌形象，可以让

产品在众多竞争者中脱颖而出，吸引消费者的眼球。以茶叶为例，过去的茶叶只是以简单地散装——用塑料袋包装——进行销售，形象简陋，很难提升产品价值。特别是随着经济发展和收入提升，人民群众更加期待具有良好体验的土特产品。有的茶叶生产者聘请了专业设计师对茶叶的包装进行改良，采用了具有地方特色的图案和元素，采用更加环保、精美的包装材料，使得茶叶的包装更具特色，这一改变能够使其在与周边的同行竞争中脱颖而出。再如很多城市、小镇的特色糕点也是如此，以前靠包装盒等外在改变提升形象，现在靠网红产品脱颖而出，具有异曲同工之妙。这些实践表明，改变土特产的外观形象，可以提升其市场竞争力。而在这个过程中，最重要的是激活生产者的创意能力，这也说明在土特产经济中每个生产者、体验者都可能成为推动其发展的新质生产力。

三、强化人的双向互动，改变玩法就是新质生产力

土特产在很多消费者心里都是"尝尝看"，换句话说都是"玩体验"，这也说明土特产经济发展要重视生产者与消费者间的互动，通过双向互动让参与者"玩"出感觉、"玩"出情感。传统销售方式往往局限于线下市场，一方面这种方式难以覆盖更广泛的消费群体，另一方面由于旅游中曾经存在的强制消费等行为恶化了这种体验。而利用电商平台通过

视频直播等方式，则将生产者、消费者以及评价者等不同人群集中到一个空间中，更好地按照消费者的需要，让土特产经济能够"玩"起来、"嗨"起来。这是土特产经济供求关系转变的一种体现，也是市场经济、数字经济乃至新质生产力渗透到土特产经济的一种体现。这种转变让很多"深巷里的酒香""深山里的食鲜"通过数字网络传出来，而不是靠人探险般的寻觅或者靠人与人口头传诵而传播出来。2024年3月人民网上的一篇文章《土特产的"含金量"越来越高》，让全国人民知道了很多看起来好像是国外特产的好东西，其实都是国内生产的，这也是第三方赋能、强化生产者和消费者双向互动的一种新玩法。不论是直接"玩"，还是借助第三方"玩"，只要生产者和消费者在这一过程中有良好体验，这种玩法对土特产来说就是新质生产力。

四、强化人的思想解放，改变自己就是新质生产力

解放思想是解放和发展社会生产力的前提，生产力的每一次进步都来自人的思想解放。土特产经济中的新质生产力融入乃至迸发，都离不开相关人的思想解放，包括生产者、消费者、管理者等人群。生产者的思想解放，能够提升自己的生产技能、市场洞察力和品牌运营能力，可以生产出更高质量的产品，更好地满足市场需求；消费者的思想解放，能够向生产者更好地反馈消费需求、提出营销创意、改进用户

体验，可以构建更好的市场循环；管理者的思想解放，能够以更开放的视野来吸纳技术、创新政策、借助国家战略来发展本区域、本行业或者本企业的土特产产品，营造影响更大市场、更多人群的土特产品牌。这种解放思想最基层的体现是生产者、管理者愿意学习和接纳新的事物、新的技术，是消费者愿意参与提升产品体验。当生产者、消费者、管理者等都愿意解放自己的思想，改变一下自己的行为，在从事土特产相关活动时愿意调整一下自己的固有思维，那么他们都会成为土特产经济的新质生产力。

五、认识自己、解放自己，人人都是新质生产力

新质生产力的内在核心是人民之力，土特产经济的本质属性亦是人民之需，两者的链接点、融合点、统一点都在人民二字。发展新质生产力作为进一步全面深化改革的目的和任务之一，是"以促进社会公平正义、增进人民福祉为出发点和落脚点"的，也是"坚持以人民为中心，尊重人民主体地位和首创精神，人民有所呼、改革有所应，做到改革为了人民、改革依靠人民、改革成果由人民共享"的。在土特产经济中，每个人都蕴含着巨大的创新潜力和创造能力，需要通过解放思想，让人民主体地位和首创精神体现出来，让人民的创造属性和创新需求"呼"出来，让新质生产力的成果和进一步全面深化改革的成果共享到土特产经济中。在具体

实践中，要通过舆论宣传的力量、社会团体的力量、群众自发的力量等各方面力量把人的思想按照正确的方向和节奏解放出来。只要每个人都发挥出自身的创造力，只要每个人都愿意贡献新的智慧，整个社会的人、每一个土特产经济的关联者都是土特产经济的新质生产力。

综上所述，围绕着新质生产力的内在核心和土特产经济的本质属性，可以说"真的不远！人人都是生产力""解放思想！人人都是新质生产力"。要着力通过改变思路、改变形象、改变玩法、改变自己以及解放自己，让每个人都能在新质生产力时代和新质生产力网络中重塑自己，都能成为推动土特产经济发展的新质生产力。

第四章

新质生产力优先赋能土特产之逻辑

毫无疑问的是，新质生产力赋能农业农村现代化进程是具有必然性的，而土特产作为农业经济的组成部分之一，在新质生产力赋能农业农村现代化进程中处于什么样的位置、应具有什么样的逻辑、需把握什么样的原则，都是需要进行深入研究的课题。笔者认为，与土特产对应的是大众品，要从土特产与大众品的对比中来研究上述问题。

第一节
新质生产力优先赋能土特产简释

土特产是农业农村现代化发展的重要组成部分。从新质生产力是人民之力出发，其与土特产经济的群众经济属性颇有契合度（如图 4-1 所示），同时依靠新质生产力通过土特产产业富民进而激活农村生产者活力，从而保障农业农村发展内生性以及粮食安全目标的内生性，不失为一种可以选择的路径。在此基础上，笔者认为可以探索新质生产力优先赋能土特产发展，这种优先是相对于农业农村经济中的大众品而言的，具体原因如下。

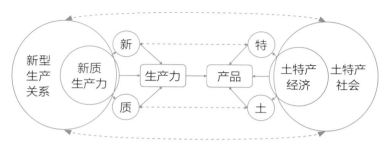

图 4-1　新质生产力与土特产经济关系示意图

新质生产力优先赋能土特产是对应于新质生产力赋能于大众品而言的，这是特色产品与大众产品的不同发展规律决定的。相较于大众品而言，土特产具有以下六个方面优势。一是土特产具有更高的收入价格弹性。土特产往往因其独特的地域性、文化性和稀缺性，成为消费者追求高品质生活的一部分。随着消费者收入水平的提高，他们对土特产的需求增加更为显著，表现出更高的收入价格弹性。这意味着当消费者收入增长时，他们愿意为土特产支付更高的价格。新质生产力的赋能，如通过数字化营销手段精准定位目标消费群体，利用大数据分析消费者行为，可以进一步提升土特产的市场认知度和接受度，从而增强其价格弹性。二是土特产具有更好的价值增值空间。土特产因其独特性和稀缺性，本身就具有较高的附加值。新质生产力的引入，如通过技术创新提升产品质量、包装设计创新提升产品形象、品牌化运营增强品牌影响力等，都能进一步挖掘和提升土特产的价值增值空间。如采用先进的保鲜技术延长土特产的保质期，利用智能包装技术提升产品的环保性和美观度，都能显著提升产品的市场竞争力和溢价能力。三是土特产具有更强的绿色发展需要。土特产通常与特定地域的自然资源和生态环境紧密相关，因此其绿色发展需求更为迫切。新质生产力的赋能，通过智能农业技术减少化肥农药使用、利用清洁能源进行生产加工、推广绿色包装减少环境污染等，都是实现土特产绿色发展的有效途径。这些措施不仅能保护生态环境，还能提升土特产的绿色品牌价值，满足消费者对绿色、健康产品的需求。四是土特产具有更大的绝对竞争优势。土特产的独特性和稀缺性是其最大的竞争优势。新质生产力的引入，如通过精准定位市场细分、差异化竞争策略、品牌故事打造等手段，可以进一步强化土特产的绝对竞争优势。例如：利用数字化手段进行市场调研，了解消费者偏好和需求变化，及时调整生产和营销策略；通过社交媒体、直播带货等新型营销方式扩大品牌影响力，提高市场占有率。五是土特产具有更多的大食物观理念。大食物观强调从更广阔的视野来看待食物安全问题，注重食物来源的多样性和可持续性。土特产作为地方特色农产品，往往承载着丰富的生物多样性和地域文化特色，是大食物观理念的重要实践载体。新质生产力的赋能，通过农业科技创新提高土特产的产量和品质、推广绿色生态农业模式、加强农产品质量安全监管等，都能更好地践行大食物观理念，保障国家食物安全。六是土特产具有更丰富的人民群众情感。土特产往往与特定地域的历史文化、风俗习惯紧密相连，承载着丰富的人民群众情感。新质生产力的引入，如通过文化挖掘和创意包装提升土特产的文化内涵、通过线上线下融合的方式增强消费者的互动体验等，都能进一步激发消费者对土特产的情感共鸣和认同感。这种情感共鸣和认同感不仅能够促进土特产的销售和推广，还能增强地方文化的传播力和影响力。也就是说，新质生产力赋能土特产，相较于赋能大众品而言，具有更好的经济价值、文化价值、生态价值和社会价值。

新质生产力优先赋能土特产是对应于新质生产力赋能于大众品而言的，还因为新质生产力赋能土特产更容易形成新优势。相对于大众品而言，一是土特产具有多样化特征，在"技术革命性突破、生产要素创新性配置、产业深度转型升级"进程中更容易找到突破点。土特产的多样化特征体现在其独特的地域性、文化性和产品形态上。这种多样性为"技术革命性突破、生产要素创新性配置、产业深度转型升级"提供了丰富的土壤。土特产的多样性意味着存在更多的创新空间，政府或者企业可以针对不同土特产的特点进行技术研发和产品创新，从而实现技术上的革命性突破。土特产的多样性要求生产要素的配置更加灵活和创新，以适应不同土特产的生产需求，这有助于推动生产要素的创新性配置。土特产的产业升级往往能够带动整个产业链的深度转型，促进上下游产业的协同发展，从而实现产业的深度转型升级。二是土特产具有集群性特征，更有利于实现"促进各类先进生产要素向发展新质生产力集聚，大幅提升全要素生产率"。土特产的集群性特征表现在其地域集中、产业关联紧密等方面。这种集群性有利于实现"促进各类先进生产要素向发展新质生产力集聚，大幅提升全要素生产率"。土特产的集群性使得相关产业在地理上相对集中，这有助于降低生产成本和物流成本，提高生产效率。集群内的企业可以共享基础设施、公共服务和市场信息，形成协同效应，从而吸引更多的先进生产要素向集群集聚。集群内的竞争与合作机制可以激发企业的创新活力，推动技术进步和产业升级，进而大幅提升全要素生产率。三是土特产具有低风险特征，能够降低新质生产力在农业发展运用中的不确定性。相对于大众品而言，土特产通常具有较小的市场规模和较为稳定的消费群体，这使其在市场波动和风险面前表现出较低的风险特征。同时土特产相对于大众品而言，对粮食安全方面的影响相对较小。这种低风险特征能够降低新质生产力在农业发展运用中的不确定性。土特产的市场需求相对稳定，受宏观经济波动的影响较小，这为企业和地方经济提供了较为稳定的收入来源。土特产的生产过程往往涉及传统工艺和独特技术，这些技术经过长期的市场检验和传承，具有较高的可靠性和稳定性，降低了生产过程中的风险。土特产的品牌价值和文化内涵往往较高，这使其在市场上具有较高的竞争力和抗风险能力。四是土特产具有网络性特征，能够促进新质生产力赋能的成功模式的复制和推广。土特产的网络性特征不仅表现在其生产、销售和消费过程中的信息交流和资源共享上，还表现在不同地域土特产间的亲缘关系上，如人参与三七等同属药材特产等。这种网络性能够促进成功模式的复制和推广。土特产的生产过程往往涉及多个环节和多个参与者，这些环节和参与者之间需要紧密的信息交流和协作，形成了复杂的生产网络。这种网络性使得成功的生产模式和经验能够在网络上迅速传播和复制，从而推动整个产业的升级和发展。土特产的销售渠道也呈现出网络化的特点，通过电商平台、社交媒体等网络渠道，土特产可以迅速触达更广泛的消费群体，实现销售规模的快速增长。土特产的消费过程也具有很强的网络性，消费者之间通过口碑传播、社交媒体分享等方式，可以迅速扩大土特产的知名度和影响力，进一步推动其市场的拓展和品牌的提升。土特产的亲缘关系也有利于有关新型生产技术、加工技术的跨地区试验和推广。综上所述，土特产的多样化、集群性、低风险和网络性特征，使得其在新质生产力的发展和应用过程中具有独特的优势。这些优势不仅有助于推动土特产产业的高质量发展，还能够为整个农业产业的转型升级和创新发展提供有力的支撑。

新质生产力优先赋能土特产是对应于新质生产力赋能于大众品而言的，还因为土特产品集聚区域人民群众的实际需要。其一，土特产是"最接地气"的产业领域，新质生产力优先赋能土特产经济能够满足人民群众对新质生产力的需求和对共同富裕的追求。不论是科技创新成果在土特产中的广泛应用，还是科技创新对于基层劳动者的深层次提升，都能让基于科技创新的新质生产力在最基层环节、最终端环节得以体现，在土特产领域中形成新质生产力"试用—运用—爱用—主动探索用"的良性循环。其二，土特产具有区域性的命运共同体特征，新质生产力优先赋能土特产，实际上赋能的是整个土特产产业空间，与土特产相关联的人的因素、物的因素、空间因素均会在赋能中受益，并在此基础上最快地形成新型生产关系以适应新质生产力的发展。基层政府、农民合作社、农业企业等多元主体都会受益，并形成更加紧密的、推动土特产转型升级的命运共同体。其三，新质生产力赋能土特产发展，才能搭建更具特色、多样化的乡村发展新场景，满足人民群众的真实需求。一般而言，大众品生成大众场景，土特产生成特色场景。基于科技、产品、人及生态环境的精准结合，新质生产力能够通过构建场景化营销模式、场景化"三生"空间和提升消费者体验感等方式来满足人民群众的需求，如打造特色农产品体验馆、乡村旅游基地等场景化营销平台，举办农产品文化节、美食节等特色场景活动，都能够改善消费者对土特产市场和土特产产业的认知。

第二节

新质生产力赋能农业的一般逻辑

新质生产力赋能农业的一般逻辑，在大多数情况下对土特产经济发展是有效的。一般来讲，这种一般逻辑体现在以下五个方面。

一、新质生产力赋能农业生产效率提升

新质生产力最直接的作用就是运用最新的科技、最有效的方法来提升工作的效率和质量。林万龙等（2024）指出"每一次科技变革都会带来农业领域的革新，推动农业方式转型和产业结构升级"，包括"农业领域的科技突破能够大大提高生产效率，使农业生产出现人工智能操控的特点。如德国 Infarm 公司利用高容量、自动化、模块化的种植与配送中心，粮食生产效率比传统土壤农业高 400 倍""麦肯锡研究显示，到 20 世纪末，通过加强农业的物联技术能够使全球生产总值增加 5000 多亿美元，使农业的生产率再提高 7%~9%"等。叶兴庆（2024）认为"农业领域新质生产力是劳动者从传统农民向高素质农民跃升的农业生产力质态""是劳动资料从常规投入品向新型投入品跃升的农业生产力质态""是劳动对象从常规动植物品种向高产优质耐逆动植物品种跃升

的农业生产力质态""是生产要素组合从传统种养业向新产业新业态新模式跃升的农业生产力质态"。中国社科院农发所课题组（2024）也指出"新质生产力是劳动者从传统农民向高素质农民和专业技能人才、劳动资料从常规投入品向智能集约高效绿色投入品、劳动对象从初级要素初级产品和服务生产供应向新质要素绿色食品和生态产品，以及生产力要素组合从分散化细碎化经营向适度规模且集约高效绿色经营方式跃迁的生产力质态"。尽管上述文献对生产力质态跃升的描述有所差别，但是这种质态跃升的内涵和趋势，都决定了新质生产力能够从生产主体的能力、生产工具的水平、生产资料的提升和生产对象的创新四个方面，全方位、多层次地赋能农业生产效率的提升，促进了农业生产的精准化、智能化、高效化，为农业长期可持续发展提供强大动力。

二、新质生产力赋能市场竞争能力增强

新质生产力的另一个重要作用是基于数字技术演进而改进市场结构、优化市场关系、降低交易费用，从而促进农业产品市场竞争能力增强。其中，在改进市场结构方面，通过数字技术，农业生产者能够更准确地了解市场需求和消费者偏好，提高相互之间的信息透明度，进而有助于生产者调整生产策略、优化市场供需结构。同时，数字技术还促进了农业供应链的整合，使得生产、加工、销售等环节更加紧密

地连接在一起，更加精准地发现和改进在这一链条上存在问题的环节，也就是说可以通过产业链"补短板"来改进市场结构。在优化市场关系方面，借助电子商务平台、社交媒体等数字渠道，农业生产者能够直接与消费者建立联系，进行直接的市场互动，让传统的农产品领域产销多边主体参与模式变成双边主体主导模式，形成更简化、更直接的市场关系；同时数字技术还促进了农业合作社、家庭农场等新型农业经营主体的发展，这些主体的增多也对市场关系的优化产生了重要的影响，推动更多农户愿意通过合作化方式进入市场体系中。在降低交易费用方面，通过数字化交易平台和智能物流系统，农业生产者和消费者能够更高效地完成交易，减少了传统交易方式中的信息搜寻、谈判和履约成本；数字技术还促进了农业金融的发展，降低了农业生产者的融资成本和风险，进一步降低了交易费用；数字技术还促进了农业政策的可知性与透明度，让政策引导作用进一步强化，降低了政策实施的交易费用成本。当然，新质生产力还能提升农产品的品牌形象、文化品质，提高农产品的性价比、实现差异化战略以及提升品牌形象等，赋能农业产品市场竞争力的提升。

三、新质生产力赋能农业绿色发展

绿色发展是高质量发展的底色，新质生产力本身就是绿色生产力。作为现代科技与传统农业相结合的产物，农业领域的新质生产力正在也必将成为推动农业绿色发展的重要力量。如陈文胜（2024）在论述农业新质生产力时指出"加快绿色适用技术在农业生产领域推广应用，加快发展农业循环经济，推广应用新型肥料，推进绿肥种植和秸秆多样化还田，减少化肥用量，实现农业生产、农村建设、乡村生活生态良性循环"。夏明月等（2024）也指出，"新质生产力倡导绿色、低碳、循环的发展模式，既注重经济效益，又注重人与自然的和谐共生，能够提升乡村环境的整体质量，让人们更好地生存和发展。节约能源、减少排放和提高资源利用效率等有助于实现经济发展和环境保护的统一。例如，利用土壤微生物修复技术修复退化土壤、提高土壤微生物多样性；利用智能电网和新能源技术，减少对煤炭、石油、天然气等传统能源的依赖；利用大数据和物联网加强对能源和资源的智能管理，降低成本和风险，保护环境和资源"。此外，新质生产力通过"要素创新性配置"实现对农业资源的更精准更高效利用也是绿色发展的体现，降低了农业对自然资源的过度消耗，有助于维护农业生态系统的平衡。新质生产力借助大数据和物联网等技术手段，对农业生产环境进行实时监测和预警，有助于预防和控制农业灾害的发生，减少因自然灾害对农业生态造成的破坏。新质生产力促进农业与非农产业的融合发展，有助于提升农业农村资源的整体利用效率，实现经济效益和生态效益的双赢发展。可以说，新质生产力能够从多个维度赋能农业绿色发展，推动农业生态系统持续优化和升级。

四、新质生产力赋能从业人员进步

新质生产力是具有较强渗透性的。它不仅会渗透到农业领域的每一个角落、每一个环节，还会主动地或者被动地渗透到每一个农业从业人员的心中，为农业从业人员带来全方位的提升以及系统性便利。首先，新质生产力可以极大地减轻农业从业人员的劳动强度。依靠智能化农业机械设备，许多原本需要人工完成的作业都可以由机器来代替，这不仅提高了工作效率，还降低了农民的体力负担。其次，新质生产力为农业从业人员提供了更加精准和科学的决策支持。依靠数据驱动的管理方式，不仅提高了农作物的产量和质量，还降低了生产风险，让农民们在生产活动受到外界因素冲击时能够得到更多的更精准的信息支撑，能够更加从容地应对各种复杂情况。再者，新质生产力为农业从业人员带来了更多的学习和发展机会。发展新质生产力可以为农民们提供更多培训和学习资源，帮助他们提升自身素质，更好地适应现代农业发展的需要。最后，新质生产力促进农业从业人员的收入增长和福祉提升。通过提高农业生产效率、降低生产成本以及提升农产品品质等方式，新质生产力将为农民们创造更多的经济收益，改善农民生活水平，激发投身农业生产的积极性和热情。新质生产力通过减轻劳动强度、提供科学决策支持、促进个人发展以及增加经济收入等多种方式，将实现或加速"劳动者从传统农民向高素质农民跃升"的进程，为农业从业人员创造更加美好的工作环境和发展空间，全面系统地提升其活力、能力和动力。

五、新质生产力赋能农业融合发展

在当下社会，农业不再是一个孤立的领域，而是与其他产业紧密相连，共同构建了一个多元化的经济体系。这种跨产业的融合发展，正是由新质生产力所推动和赋能的。首先，新质生产力打破了传统的产业界限。在过去，农业、工业、服务业等各个产业都是相对独立的，彼此之间很少有交集。但随着科技的进步，特别是信息技术的发展，新质生产力使得这些产业之间的边界变得越来越模糊。如通过互联网平台，农产品可以直接面向消费者，实现了产销一体化。其次，新质生产力为农业提供了更多的创新元素。如引入生物技术、智能机械等高科技手段，农业的生产方式发生了翻天覆地的变化，不仅提高了农业生产效率，还为农业产品增加了更多的附加值，使其更具市场竞争力。再者，新质生产力推动了农业产业链的延伸和拓展。传统的农业模式下，农民主要负责农产品生产，而后续的加工、销售等环节则与他们关系不大。但随着新质生产力的引入，农民可以更多地参与到产业链环节中，如农产品深加工、品牌建设、市场营销等，这不仅拓宽了农民的收入来源渠道，也使得农业与其他产业的联系更加紧密。最后，新质生产力还促进了农业与其他产业的资源共享和优势互补。如旅游业可以与农业相结合发展农业观光旅游，吸引游客前来体验农耕文化；工业为农业提供更加先进的机械设备和技术支持，提高农业生产的自动化和智能化水平等。新质生产力必将强化这一趋势，通过打破产业界限、引入创新元素、延伸产业链以及促进资源共享等方式，推动农业与其他产业的更深程度地融合，共同构建一个更加繁荣和可持续的经济体系。

第三节

新质生产力赋能土特产的五个维度

基于当前实践，依托前面分析，新质生产力赋能土特产要遵循其赋能农业发展的一般规律，也要遵循土特产发展的特殊规律，还要把握乡村全面振兴的系统规律。为此，本节从宏观理念层面对新质生产力赋能土特产的五个维度——理念维度、空间维度、时间维度、对象维度和系统维度，进行分析。

一、新质生产力赋能土特产的理念维度

按照"土特一体、产价联动、质优为本、新即未来"的框架，新质生产力赋能土特产要抓住"土""产""质""新"四个核心理念。

一是新质生产力赋能土特产的"土"思维。不能因为新质生产力赋能就让土特产失去"土"味，这是在实践中最需要注意的事情：一旦失去了"土"味，土特产就失去了灵魂。新质生产力赋能土特产的"土"，核心是通过科技手段提升土壤肥力、凸显地域特色、保留乡土气息、确保原汁原味、植根乡村以及体现重农思想等多个方面，推动了土特产稳中有序发展。其中，新质生产力能够作用于土壤之"土"，更科学地分析土壤成分，合理施肥和灌溉，从而提高土壤的肥力，确保土特产的原材料质量；能够凸显地域特色之"土"，帮助当地挖掘和传承独特的地域文化，将这些元素融入土特产中，使其更具地方特色；能够保留乡土气息之"土"，注重保留传统的乡土工艺和制作方法，使土特产保持其独特的乡土气息，满足消费者对"原汁原味"产品的追求，还有助于传承和弘扬乡村文化；能够确保原汁原味之"土"，借助先进的技术手段，能够确保土特产在运输和储存过程中保持其原有的品质和口感，为消费者提供了更加真实、纯正的土特产体验；能够强化植根乡村之"土"，通过推动乡村产业升级和农业现代化，为乡村经济注入新的活

力，鼓励农民利用现代科技手段提高土特产的产量和质量，从而增加农民收入，促进乡村振兴；能够体现重农思想之"土"，"农为邦本、本固邦宁"，在尊重农业、重视农业的基础上，运用现代科技手段推动农业的高质量发展。

二是新质生产力赋能土特产的"产"思维。不能因为新质生产力赋能就盲目扩大土特产产量、胡乱改进相关生产工艺、不搞市场调研乱创新产品；要遵循市场规律——既要懂得抓住机遇，又要把握稳中求进，还要强化系统思维。新质生产力对土特产中的"产"思维具有深远的作用。在原料产品方面，新质生产力通过引入先进的农业科技，改善了土特产原料的生产环境，提高了原料的质量和产量，对原料生产进行智能化管理，确保原料的品质和供应稳定性；在初加工方面，新质生产力带来了现代化的加工设备和技术，提升初加工的自动化水平，减少人工干预，降低成本同时提高产品质量，使初加工过程更加高效、健康、可体验；在精深加工方面，新质生产力推动了土特产具有更多的精深加工方向、更长的精深加工链条、更高的精深加工价值、更广阔的精深加工市场；在产业链条方面，新质生产力促进了土特产产业链的整合和优化，加强了各环节之间的协同合作，形成了一个更加紧密联系的产业链条，通过信息化技术实现产业链的透明化和可追溯性，提升整个产业链的运作效率，降低运营成本；在配套服务方面，新质生产力推动土特产销售模式的创新，催生相关配套服务，提供个性化产品和服务，如技术创新、市场开拓、品牌建设、融资支持等，为土特产提供了全方位支持。

三是新质生产力赋能土特产的"质"思维。不能因为新质生产力赋能就乱搞标准、乱定规范，要把"土""产"两个思维以及人民群众的真实需要考虑进来，全方位研究土特产的"质"到底要怎么提升。新质生产力提升土特产"质"思维涵盖了产品道地性、商品质量、品牌建设、市场满足度和自我升级能力等多个方面。新质生产力通过引入现代科技和管理理念，能够保护和提升土特产的道地性，如利用精准农业技术，可以确保作物在最适合的环境下生长，从而保持其独特的风味和品质，使得土特产能够更好地满足消费者对于地道、纯正产品的需求，要谨防为了迎合消费者需要而盲目改进产品风味等行为。新质生产力要通过引入先进的生产技术和严格的质量管理体系，显著提高土特产的商品质量，包括使用更优质的原材料、改进生产工艺、加强质量监控等，并以此强化消费者的信任和忠诚。新质生产力要通过专业的品牌策划和营销手段，帮助土特产建立独特的品牌形象和文化内涵，如设计吸引人的包装、打造独特的品牌故事、开展有针对性的营销活动等，让品牌建设更有质量。新质生产力通过市场调研和分析，了解消费者的需求和偏好，指导土特产的生产和销售策略，引入电子商务和物流配送等现代流通方式扩大土特产的销售渠道，但也要注意质量分级管理以及防止"劣币驱逐良币"现象。新质生产力要通过引入新技术、新工艺和新理念，强化土特产产业升级转型的内生动力，使土特产能够持续获得市场竞争力和市场主体活力。

四是新质生产力赋能土特产经济的"新"思维。不能因为新质生产力赋能就不去进一步解放思想、不去认识新规律，要围绕消费者倾向和市场新趋势，不断树立"新"思维。新质生产力更重要的是它引领了一种"新"思维，这种"新"思维推动着土特产不断创新和发展。强化应用新技术之新。新质生产力鼓励并推动土特产产业主体积极应用新技术，如物联网、大数据、人工智能等。重视消费多样化之新。新质生产力推动土特产向多样化、个性化发展，不仅提供传统的土特产，还开发出各种口味、包装和功能的新产品，并保障土特产市场的繁荣度和活跃度。构建市场多点化之新。新质生产力鼓励土特产产业主体拓展多个销售点，包括线上和线下、国内与国外等，并依靠市场多点化思维，扩大了土特产的销售精准度。形成组合多元化之新。新质生产力推动土特产实现产品组合的多元化，将不同的土特产进行巧妙组合，或者将土特产与其他相关产品进行搭配销售，可以创造出新的消费体验和价值。开拓关注新群体之新。新质生产力推动土特产产业主体关注新的消费群体，根据他们的需求和喜好来开发和推广新产品，如针对年轻人的口味和健康需求，推出低糖、低脂、高纤维的土特产。加速构建新场景之新。新质生产力鼓励土特产产业主体构建新的消费场景，以适应消费者不断变化的生活方式，为消费者创造沉浸式的购物体验。

二、新质生产力赋能土特产的空间维度

新质生产力赋能土特产的空间维度，主要依托土特产产业的"三生"空间展开，其核心是依托新质生产力借助土特产资源共筑人与自然命运共同体的问题。

一是要统筹推进土特产产业"现实空间＋孪生空间"建设，促进两个空间体验一致化发展。培育壮大新质生产力，很重要的内容是数字技术拓展应用、深度融合和无尽赋能，这就涉及现实空间与孪生空间的互通互动互促问题，现实空间将更多地实现人类所需的感受和体验，而孪生空间将更多地实现对人类未来行为的预判和反映，两个空间要具有契合点和一致性。孪生空间是自然地理空间、人文社会空间和信息地理空间在虚拟空间的映射与整合，能够通过全域全要素立体感知与数据传输，在数字空间中分析自然资源、生态环境、基础设施、产业和人口等多种要素的交互作用，并将结果反馈于物理空间（现实空间）以支撑决策者对于生产空间、生活空间和生态空间的优化和管控，真正实现"三生"空间的总体功能大于部分功能之和的协同效应。这要求我们要强化新质生产力的综合运用，统筹"现实空间＋孪生空间"，通过以实映虚和以虚控实双向的虚实交互，真正做到现实空间和孪生空间的差异联动和即时交互，在尽最大可能增强新质生产力赋能"三生"空间有效性的同时，尽量避免新质生产力应用带来的不确定性。

二是着眼土特产产业"三生"空间持续升级扩张，推动"三生"空间不断拓展边界并进行融合发展。培育壮大新质生产力，区域之间的远程耦合产生了一系列跨区域、多尺度的新协作模式，这也将推动"三生"空间加速升级、拓展边界和有机联动。这就要求我们必须着眼"三生"空间升级来加速新质生产力的赋能进程，即加速探索新质生产力发展壮大过程中的生产空间形态、生活空间形态和生态空间形态，促进三者基于人的根本需要和技术进步的可能相向地拓展边界、不断地加速融合。发展新质生产力推动生产空间内产业结构升级以及技术创新，降低对生态空间的扰动，通过技术外溢对生态空间实施保护与修复。应用新质生产力全方位改进生产场景，实现生产空间绿色化、无噪化、综合化、生活化等进程，强化生产空间对生活空间和生态空间的正向促进。强化新质生产力全方位改进生活场景，坚持以人为本的原则，实现生活空间办公化、生态化、远程生产化等进程，提升人的幸福感和获得感。把握未来导向，加速开发、利用相关技术，着眼于"三生"空间升级，是明确新质生产力赋能土特产经济发展的战略任务。

三是确保土特产产业"三生"空间平衡发展、同步提升，避免出现历史上和当前存在的技术升级和三个空间融合具有时代差、空间差等问题，防范"三生"空间之间的关系在新质生产力的作用下产生较强的不确定性。这就要求我们不仅要从生产空间是否集约高效、生活空间是否宜居适度、生态空间是否山清水秀等维度构建"三生"空间发展质量评价体系，更要从"三生"空间的成长性、平衡性等方面做出综合评价。为促进"三生"空间平衡发展，还要明确近期、中期、远期不同的工作重点：近期内要着力于"信心赛过黄金"，结合"千万工程"实施的经验，全力提高对"三生"空间平衡发展的信心，全面提升对"三生"空间平衡发展的认识，围绕人民群众最迫切需要补齐的"三生"空间发展短板；中期要着力于"三生"空间的系统性和平衡性，围绕人民群众的综合发展需要，把握新质生产力和新型生产关系变化，因地制宜地实现"绿水青山就是金山银山"的各项任务，确立有利于"三生"空间平衡发展的新模式；远期要着力于人与自然命运共同体的建设，通过不断深化改革等举措，强化人民群众运用新质生产力改造"三生"空间的内生性和自觉性，着力形成以人为中心促进"三生"空间平衡发展的新体系。

四是推进土特产领域形成激发人的力量的未来空间。培育壮大新质生产力，尽管仍然离不开土地、资本、劳动等传统生产要素的支撑，但更多的是要依靠数字、管理、知识等新型生产要素的投入，激发人的力量，并围绕人的潜在需要努力实现以新型生产要素为主导的新组合。人是生产力发展中最具主观能动性的因素，培育新质生产力需要更多具备创新精神、实践能力和跨界融合的人力资源支撑，并依托人的综合能力提升，推进土特产领域的空间维度升级和跃迁。同时也要依靠制度、政策与技术的协同发力，不断突破原有的路径依赖，不断融合新型的群众需要，不断走出自立的发展导向，在"三生"空间中不断强化人与人之间、主体与主体之间、空间与空间之间的沟通交流机制，进而打造要素畅通流动渠道、产品创新集成通道。新质生产力赋能土特产产业的"三生"空间并与"三生"空间融合发展要以人为中心、构建智慧的特产功能社区、数字信息网络、弹性发展策略的联动模式，提升资源配置和运行效率，最终从人、要素、产品三个层面改变土特产产业"三生"空间，加快形成新质生产力促进土特产高质量发展、助力人与自然命运共同体建设的新局面。

三、新质生产力赋能土特产的时间维度

新质生产力赋能土特产的时间维度，实际上就是立足当前需要，统筹发展导向和问题导向，兼顾短期、中期、长期三个时间维度进行施策，并确保三个时间维度政策转换的连续性以及平滑性。

一是从短期看，要着力推动新质生产力改善土特产经济的基础因素并降低生产成本，如生态环境、基础设施、种质安全以及战略导向等。在生态环境方面，要通过引入现代科学技术，保护生物多样性，提升土特产的品质与市场竞争力。在基础设施方面，要加强农村地区的交通、通信、仓储

等基础设施建设，降低土特产物流成本、提高流通效率，并通过数字化、智能化手段实现从生产者到消费者手中的快速、安全传输。在种质安全方面，要确保土特产品种的纯正与优良，通过基因测序、分子标记等现代生物技术加强种质资源保护与利用。在战略导向方面，要明确土特产产业发展战略，包括在大食物观背景下要向土特产经济适度倾斜，政府与企业合作制定短期行动计划，共同提升土特产品牌知名度和产业系统韧性。也可以说，短期目标就是要让土特产产业稳健发展，在百年未有之大变局下，提高应对外部冲击能力、形成内生持续发展能力。

二是从中期看，着力推动土特产领域形成与新质生产力相适应的新型生产关系，如推动政策创新、放松约束条件、制定修订相关法规等，引入更多的非经济因素，进而推动土特产领域的政策创新，以激励生产者采用新技术、新模式，促进产业升级。在推动政策创新方面，建立土特产创新激励机制，鼓励科研机构、企业和个人开展技术创新和产品研发，激发创新活力，鼓励社会资本投入土特产领域。在放松约束条件方面，在法律法规允许范围内，适当放宽对土特产生产经营的限制，减少中间环节，增加农民收入，加强知识产权保护，保护地方特色品牌不被侵权。建立健全农民与企业之间的利益联结机制，实现风险共担、利益共享。通过订单农业、股份合作等方式，将农民纳入产业链中，提高其组织化程度和市场议价能力。鼓励农民合作社和家庭农场等新型农业经营主体发展，通过联合、合作等方式，实现规模化、集约化经营。同时，支持土特产产业联合体建设，促进产业上下游协同发展。在制定修订相关法规方面，根据土特产产业的发展需要，适时修订相关法律法规和政策文件，为产业发展提供法律保障。通过明确土特产的定义、分类、标准等，规范市场秩序，保护消费者和生产者的合法权益。适时修订食品安全法、农产品地理标志保护条例等相关法律法规，制定和完善土特产的生产、加工、包装、运输等各个环节的标准体系，确保土特产生产的规范化、标准化，提升土特产的市场竞争力和品牌影响力。

三是从长期看，新质生产力要着力"一切都是土特产"，从绿色生产力、精准生产力等方向发力，让相关产品都融入"土""特"等新元素、新场景。发展绿色生产力，推广绿色生产模式，实现土特产生产的全过程绿色化，加强土特产的生态品牌建设工作，通过认证、标识等手段，提升产品的生态价值和品牌形象。通过宣传和推广绿色消费理念，引导消费者关注土特产的生态属性和环保价值。加强产业融合与多元化发展，推动土特产产业与旅游、文化、教育等产业的融合发展，探索土特产的多元化、多样化、多极化发展路径和模式，加强国际交流与合作工作。利用大数据、人工智能等技术，实现土特产生产的精准管理，增强应对市场需求变化和气候变化韧性。强化"一切都是土特产"的理念，倡导将更多地方特色资源、传统文化融入农产品中，突出一村一品、一县一业发展理念，支持挖掘农业大众商品内涵，推动农业大众商品特产化发展能力。

四、新质生产力赋能土特产的对象维度

新质生产力赋能土特产，思维维度、空间维度、时间维度都是宏观层面的，具体还要落实到客观物质层面，也就是对象维度上。从赋能对象看，土特产发展的主体是人民、客体是产品、载体是企业，要统筹这三个对象进行赋能才能实现高质量发展。

一是要赋能土特产中的人民群众，让人民群众这个土特产产业主体能够更好地认识、更好地生产、更好地消费土特产品。人民群众作为这些土特产文化习惯的直接拥有者和传承者，其认知水平直接关系到土特产的价值挖掘与市场推广。新质生产力可以通过数字化、网络化手段提供更加广阔的学习平台，使他们深入了解土特产背后的故事，以增强文化自信。新质生产力通过引入现代科学技术乃至未来技术赋能生产者，帮助人民群众实现生产方式的转型升级以提高生产效率，保障土特产品质。新质生产力能够通过新兴营销方式以及知识普及等方式赋能消费者，提升消费群体对土特产的认识水平，激发消费欲望，提供特色体验，促进土特产消费市场的繁荣。

二是要赋能土特产中的产品服务，让产品服务这个土

特产产业的客体能够拥有更好的品质、更强的品牌和更高的效益。新质生产力推动土特产标准化与个性化并重，生产方面向标准化、规范化方向发展，确保土特产品的一致性和安全性，产品服务方面则鼓励创新，支持开发具有地方特色和个性创意的新产品，满足市场的多元化需求。新质生产力助力土特产构建多层次、多维度的品牌体系，包括区域公用品牌、企业品牌、产品品牌等，并利用大数据分析消费者偏好，精准定位目标市场，制定差异化策略，增强市场竞争力。新质生产力促进土特产经济向纵深发展，通过延长产业链和产业集团化进程，因地制宜推动相关成本费用外部化或内部化，降低市场交易成本，形成产业集群效应，带动区域经济整体提升。

三是赋能土特产中的企业组织，让企业组织这个土特产产业载体能够具有更好的基础、更强的韧性和更加美好的预期。新质生产力推动企业加强内部管理，提升研发能力、市场营销能力、供应链管理能力等核心竞争力，加大研发投入，加强人才培养和建立高素质的人才队伍，创新产品和技术以保持市场领先地位。面对市场波动、自然灾害等不确定性因素，新质生产力帮助企业构建风险防控体系，增强企业的抗风险能力。鼓励企业加强与其他企业、科研机构、政府部门的合作，形成产学研用紧密结合的创新体系，共同应对行业挑战。新质生产力可以引导企业向绿色、低碳、可持续的方向发展，并基于数字技术对未来发展进行更加精准的预测。

五、新质生产力赋能土特产的系统维度

前面几个维度都是基于土特产自身的，但是土特产本身是国民经济体系的重要组成部分，新质生产力能够通过赋能国民经济体系、赋能深化改革进程、赋能基层治理提升、赋能要素加速流动等对土特产经济产生重要影响。

一是新质生产力可以通过提升全国的投资、消费以及开放水平带动土特产经济发展。新质生产力是高质量发展的基础，它将通过技术驱动的投资吸引力、政策引导与激励机制、产业升级与链条延伸等提升投资水平，通过个性化与定制化服务、品牌化与营销创新、绿色消费与健康理念等提升消费水平，通过跨境电商与国际贸易、国际合作与交流、文化输出与品牌国际化等提升开放水平。而这三个方面的提升，无疑也将带动土特产的投资、消费、开放水平，产生更多的适合消费者需求的产品，并提升相关产品的市场规模以及附加值，迎来更加广阔的发展前景和机遇。

二是新质生产力可以通过赋能制度弹性、内生活力、创新动力等驱动土特产发展。新质生产力作为一种先进的生产力形态，必将对全面深化改革产生重要影响，如赋能制度弹性，使经济体系能够更灵活地适应市场变化和政策调整而激发经济活力，通过要素资源创新性配置等增强经济体系的内生增长动力，通过推动技术创新、模式创新等为经济发展注入新的增长源泉，提升经济发展的整体动力。新质生产力与

全面深化改革、与新型生产关系的不断互动，以及对经济社会发展的全方位重塑，都将驱动土特产发展质的改变，并提升土特产内生发展、持续发展的能力。

三是新质生产力可以赋能人与自然命运共同体、特产与人文化命运共同体功能实现升级土特产发展。新质生产力不仅关注经济增长，更注重经济发展的质量和可持续性。它将赋能人与自然命运共同体建设，推动经济发展与生态环境保护的协调发展，实现经济系统的绿色跃升，它还将推动特产领域与人之间形成文化命运共同体，挖掘和传承地域文化，提升产品的文化附加值，推动经济系统的文化跃升。这两个方面的跃升共同推动经济系统的整体提升和可持续发展，对企业层面、产业层面产生一系列深层次变革，也必将对土特产升级和跃升带来新动力、新支撑。

四是新质生产力可以赋能广域资源整合能力和要素系统支撑能力实现土特产领域的韧性发展。新质生产力具备强大的广域资源整合能力和要素系统支撑能力，能够通过整合全球范围内的资源，为企业提供更广阔的市场和更丰富的资源选择，从而增强经济的韧性和抗风险能力。新质生产力还通过优化要素配置、提高要素使用效率等方式，为经济发展提供坚实的支撑。这些方面的赋能使得经济体系在面对外部冲击时能够更快地恢复调整，实现经济的韧性发展。而宏观经济体系韧性的增强，也必然会带动土特产产业韧性增强，从技术、制度、要素、资源等方面让土特产发展更可持续。

专栏三 因地制宜践行大食物观

　　2024 年 9 月，笔者从因地制宜践行大食物观角度对新质生产力时代的吉林省的土特产经济发展进行了考察，并提出相应观点，反映新质生产力赋能的系统维度。主要观点如下。

　　强化系统思维引领。践行大食物观，一定要深刻认识大食物观中蕴含的系统思维，特别是要认清不同食物类别之间、来源渠道之间的内在联系，形成践行大食物观的底层逻辑和宏观架构，更好构建相关政策引导体系和产业支撑体系。在践行大食物观过程中，既要在"山海经""林草戏""果蔬牌"等方面下功夫，又要在"'两山'理念""三物循环""三产融合"等方面做文章；既要在厚植生态本底、强化健康特质上加"戏码"，又要在创新驱动、数字赋能上见"真章"；既要在"产业集群""粮头食尾"上找经验，又要在市场拓展、品牌升级上探新路；既要在产业兴旺、共同富裕方面可持续，又要在降低成本、应对风险上有实招。只有树立了这样的系统思维，才能推动底蕴增厚、内力增强、信心增进，才能更好凝聚社会各界力量，让"吉字号"品牌更加闪亮、加速发展，继而让农业产业链在双循环发展格局中活力尽显。

　　突出生态健康主题。践行大食物观，一定要从食物本源属性来明确核心作用，用人民群众最为关心的生态健康把各种食物统领起来，形成各种食物间你中有我、我中有你、融合发展、共同提升的共赢局面。要紧紧围绕"生态健康"这一主题综合发力，构建具有吉林特色的食物供给体系。要始终秉持"黑土地是生态主粮的保障，长白山是生态特产的宝库，松花江水是生态健康的源泉"的科学理念，厚植食物生产的生态健康绿色本底；坚持"民族食品是特色、民俗食品是传承、网红食品是热点、健康食品是重点"的原则，全面塑造和展示吉林食物生态健康良好形象；发挥长春农博会汇聚引动、专精美食节精准促动、网红打卡地消费拉动、特色纪录片科学驱动、精准性政策全面联动等品牌活动和相关政策举措的引领带动作用，架构和建设好吉林食物的生态健康文明体系。

加强科技创新支撑。践行大食物观，一定要有科技创新支撑，用科技创新推动产业创新，着力培育践行大食物观的各领域新质生产力，引导各类先进生产要素向新质生产力加快集聚。要充分发挥高校、科研院所等的科研优势，采用"揭榜挂帅""创新联合体""收益分配机制创新"等方式，提高科学技术赋能践行大食物观的各种活动。充分挖掘吉林土特产品营养成分内涵和作用机制，用科学技术打造特色美食。充分融合满族、蒙古族、朝鲜族等民族餐饮特色，融入创新元素，形成少数民族风格融合型特色食品。坚持全产业链推进，融入科技创新成果，推动特色食品装备制造、食品安全检测装备制造、食品安全包装等全产业链高质量发展。强化国家农高区、国家自创区及各类农业园区的创新引领功能，力争打造一批践行大食物观的新质生产力试验示范基地。

形成品牌叠加效应。践行大食物观，一定要有适度超前的市场经济意识，特别是运用市场手段推动不同类型的品牌效应叠加，形成赋能大食物观的品牌"工具"。要在现有白金（大米）、黄金（玉米）、彩金（杂粮杂豆）、铂金（人参）、黑金（黑木耳）等吉林品牌名片影响力基础上，着力推进长春农博会、长春农高区、各类农业科技园区、现代农业园区等吉林农业品牌平台建设。在现有品牌体系基础上，精准划分区域品牌、企业品牌、产品品牌、资本品牌并形成体系，不断推动生态品牌、冰雪品牌、旅游品牌、民族品牌等与践行大食物观相关的产业产品品牌叠加赋能，在提升品牌能力基础上不断拓展市场，拓宽高端品牌市场成长空间，为品牌融合重组壮大提供更多可能，以全方位构筑的品牌体系为践行大食物观贡献恒久动力。

增强精准政策供给。践行大食物观，一定要因地制宜、因时制宜制定相关政策，让政策工具与食物类型相适应，确保其更加符合规律节成本、精准实施增效果。要围绕不同食物品种的自然生产周期和产业运行周期，来制定完善相关地方法规、行业战略规划和政策意见及有关实施方案；要围绕经营主体的切实需求和市场行情的波动规律，出台保障经营主体积极性的鼓励措施和激励政策；围绕消费群体消费习惯变化和特殊订制需求，鼓励和引导产业集群发展、推动产业融合进程；围绕增效益、降成本、优服务、提信心的发展目标，进一步优化涉农领域营商环境，科学运用金融手段、财政手段、市场手段，走好群众路线，为践行大食物观提供良好的环境保障。

第五章

新质生产力赋能土特产经济之路径

　　本书认为新质生产力赋能土特产经济之路径要从宏观、中观、微观三个层面出发，立足于土特产经济的群众经济本质，核心是市场问题，重点是资源和要素问题。

第一节
新质生产力赋能土特产经济的三个层面

　　新质生产力赋能土特产经济发展，既包括宏观战略层面，也包括中观产业层面，还包括微观技术层面。这三个层面互相联动、互相支撑，缺一不可。这三个层面又涉及很多的具体问题。本节将对这些问题进行梳理，以形成新质生产力赋能土特产经济之路径的框架体系。

一、新质生产力赋能土特产经济的宏观战略层面

　　新质生产力赋能土特产经济的宏观战略层面，核心是按照深化改革的主趋势、经济发展的主趋势、群众消费的主趋

势来优化土特产经济顶层设计。在这个层面，一定要认识到土特产经济是农业经济体系中群众参与活力最强、价值增值可能最大、支撑共同富裕最有力的领域，然后从法律法规体系、战略规划体系、基础设施体系和市场网络体系四个方面强化发展保障、畅通要素流动。一是要赋能法律法规体系完善，通过新质生产力相关成果，寻找、筛选土特产经济中法律法规不健全、部门性法规冲突、区域性法规矛盾、有关品种法律法规缺位、政策意见与相应法律法规错位等问题，并按照新质生产力发展趋势从国家层面予以协调解决。二是要赋能战略规划体系有力，通过新质生产力的相关成果，兼顾土特产经济规律和新质生产力规律制定相关战略规划，支撑、推进土特产经济的战略规划更长远、更持续和更可落实，防止战略规划短期化和土特产经济长期性之间的冲突。三是赋能基础设施体系升级，通过新质生产力的提升，充分把握生产类基础设施、生活类基础设施和生态类基础设施同步升级的需要，着力坚持数字信息类基础设施全方位融入其他基础设施的原则，让基础设施在速度、质量、体验等方面能够满足土特产经济发展需要。四是要赋能市场网络体系畅通。积极推动土特产优势区域在市场网络体系中节点化、枢纽化发展，加快从通道型土特产经济向平台型、枢纽型土特产经济转化，形成依托平台、依托枢纽自主性畅通市场网络体系的发展模式。

二、新质生产力赋能土特产经济的中观产业层面

新质生产力赋能土特产经济的中观产业层面，核心是强化企业主体活力、加速特产集群建设、突出产业链条韧性，来增强土特产经济中观活力。在这个层面，一定要认识到土特产经济是农业经济体系中"一县一业""一村一品"的充分体现，是以群众创业的"小而美"经济主体为支撑的产业集群，是在全国统一大市场体系中打造区域性节点的最大可能，然后从产业组织结构、产业品牌建设、科学技术支撑和人才队伍培育四个方面重点施策，保障发展。一是要赋能产业组织结构优化，从活力视角理解和培育新质生产力，既要培育大企业、龙头企业，又要防范大企业病，让大中小企业既能联动、又可竞争地、充满活力地发展，要适度区分产业科技化、产业数字化与企业科技化、企业数字化进而精准施策。二是要加强产业品牌建设，用新质生产力手段做好区域公共品牌、产业链龙头品牌建设，精准分析相关品牌发展的短板和不足，让产业品牌成为区域特产和企业品牌、产品品牌的最佳纽带。三是要加强产业科技支撑，从产业层面梳理科技支撑问题，利用新质生产力相关成果，加速企业科技问题产业化、个性问题共性化等步伐，抓住节点性问题，依托产业公共服务平台予以解决。四是要加强产业人才队伍建设。有技术开发人才、企业管理人才但缺少产业发展人才是很多土特产优势区域的共性特征，缺少从市场规律、产业规律视角以及中长期发展视角研究产业问题的人才也是这些

区域的共性问题，为此亟须运用新质生产力手段和成果在中观层面加强产业人才队伍建设。

三、新质生产力赋能土特产经济的微观技术层面

新质生产力赋能土特产经济的微观技术层面，核心是产品制造技术更新、市场营销技术更新、信息分析技术更新，以实现产品层面的"土""特"元素不断强化。在这个层面，一定要认识到土特产经济是由土特产品和服务共同支撑的，强化"土"味、突出"特"色，是土特产品和服务的灵魂，然后从实践创新产品、创意更新产品、技术支撑产品、市场迭代产品四个方面进行引导，把握微观性、突出效益性。一是要赋能要素流动，宏观上优化了环境，中观上确定了方向，微观上则要就具体的要素进行赋能，让难以流动的要素流动，让能够流动的要素聚合，让每个土特产经济的市场主体都对不同的要素具有独特的引力，以实现差异化发展之格局。二是要赋能管理效率，新质生产力要赋能土特产经济微观主体管理能力的提升，既要智能化又要科学化，把降低管理费用、财务费用作为重要标准，以推动微观市场主体效率提升。三是要赋能产品特色凸显，在引进融入新技术的同时注意微调整微改进，要在细节上下功夫，让每个土特产品都成为匠心之作，从而打动消费者。四是要赋能产品迭代升级，把握消费者对于土特产品的耐心周期，并按照耐心周期不断研发推

出新产品，从而保障品牌活力、产品活力和企业活力。

四、基于三个层面分类构建的赋能路径框架

　　基于前面三个层面 12 个方面的内容，本书构建了赋能路径的总体框架，如图 5-1 所示。在此框架下，新质生产力赋能土特产经济发展要把握好七个方面内容，其中市场有效、持续有源、要素有新是核心，其他几个方面是重点。

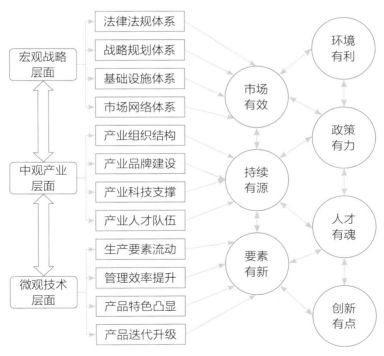

图 5-1　新质生产力赋能土特产经济发展路径框架图

第二节

新质生产力赋能土特产经济的市场有效

　　土特产经济是天然的消费型经济，是自发的市场型经济。保障市场有效是新质生产力赋能土特产经济发展的第一要务，既包括保障区域市场有效，也包括保障土特产经济的全国市场、全球市场、电商市场有效。

一、新质生产力赋能土特产经济区域市场建设

　　土特产经济具有区域性特征，而区域市场建设是体现这一特征、支撑土特产经济发展的重要节点、重要载体。新质生产力以其高科技、高效能、高质量的特征，正是推动土特产经济区域市场建设的重要力量。一是科技引领提升土特产产品品质，为区域市场建设提供最为重要的产品支撑。新质生产力以科技创新为核心，通过引入各种现代科学技术并促进其与土特产经济融合发展，可以从多个维度提高土特产的品质和产量。这既包括农业科学技术，也包括光电、生物、机械、材料等领域的先进科学技术。这些科技手段的应用，可以从源头上保障土特产的质量，满足消费者对高品质产品的需求。二是数字化转型拓宽市场渠道，让区域市场具有更强的内生动力。数字化转型是新质生产力的重要特征之一，

通过实现土特产的在线展示、交易、支付等功能，可以有效拓宽土特产的销售渠道，让区域市场辐射更大区域并更好地融入全国土特产市场及全国统一大市场体系。三是强化文化赋能提升土特产市场价值。每个土特产背后都有千千万万的故事，每个故事都可能引起消费者的共鸣。以区域市场为载体，运用新质生产力的数据挖掘等手段，可以让这些故事和土特产品更好地结合起来，可以打造具有独特文化魅力的土特产品牌、开发以土特产传说为主题的文创产品，有效提升土特产的附加值和市场竞争力。四是加速产业集聚形成规模效应，反馈并提升区域市场效能。土特产产品的区域市场本身就是销售商户的产业集群，在区域市场发展过程中，通过政策引导和市场机制，通过融入新质生产力手段，还能够进一步集聚加工类企业、创意类企业，并推动土特产产业集聚发展，形成规模效应，共享资源、信息和技术，吸引更多的人才和资本，为土特产经济的持续发展提供有力支撑。

在具体措施方面，新质生产力赋能土特产经济区域市场建设要完善因地制宜、符合土特产品特性的市场监管体系，建立健全土特产市场监管体系，加强对土特产生产、加工、销售等环节的监管力度。通过制定严格的质量标准和检测体系，确保土特产的质量和安全。同时，加大对假冒伪劣产品的打击力度，维护市场秩序和消费者权益。推进品牌建设，实施品牌战略，提升土特产的品牌知名度和美誉度。通过注册商标、申请地理标志保护等方式，保护土特产的品牌权益。积极开展品牌推广活动，如组织区域性或全国性展销会、举办土特产文化节等，提升品牌影响力。促进产业集聚发展和三产融合发展，制定优惠政策，鼓励土特产企业向区域性市场周边集聚发展。支持区域性市场配套建设完善的基础设施和公共服务平台。加强企业之间的合作与交流，共同弘扬土特产文化，融入旅游业发展因素，打造以土特产为主题的景点式的区域土特产精品市场。

二、新质生产力赋能土特产经济全国市场建设

随着经济的快速发展和消费者需求的多样化，土特产经济在全国市场中的地位逐渐凸显。然而，土特产市场在发展过程中仍面临着质量信息不透明、标准不统一、价格混乱、物流不畅等问题。需要借助新质生产力的力量，通过高科技、高效能、高质量的手段，赋能土特产经济全国市场建设。一是加强质量信息联通机制建设，建立全国性土特产质量信息平台，涵盖土特产的生产、加工、运输、销售等各个环节的质量信息，确保信息的真实性和可追溯性，实现各级政府、监管机构、生产企业、销售商和消费者之间的信息共享，以及时发现和处理相关质量问题，增强消费者对土特产的信心。二是统一标准保障机制建设。针对不同类型的土特产，制定相应国家或行业标准，涵盖产品的外观、口感、营养成分、安全卫生等方面，确保土特产的质量和安全

性。鼓励企业采用更高的企业标准，提升产品质量。通过各种渠道宣传土特产质量标准，提高标准在生产者和消费者中的可知度、普及度。组织相关培训活动，帮助企业了解和掌握标准要求。三是加强产品价格规范机制建设。对全国土特产市场价格进行实时监测和分析，及时发现价格异常波动和恶意竞争行为。结合市场价格监测结果，制定相应的价格规范政策，防止价格欺诈和恶性竞争。鼓励企业开展公平竞争，通过提升产品质量和服务水平来赢得市场份额。四是物流系统保障机制建设。加强土特产产地的仓储、运输等基础设施建设，提高物流效率。与全国各大物流公司合作，建立覆盖全国的土特产物流网络，确保产品能够快速、安全地送达消费者手中。引入智能物流技术，实现土特产运输过程的可视化、可控制和智能化管理。加强节能减耗降碳技术的应用，突出物流服务体系应急能力建设，以客户为中心提高满意度。针对需要冷藏或冷冻保存的土特产品，建立完善的冷链物流体系。针对具有民族特色或者特殊习惯的土特产，要建立专门的冷链物流体系。从具体措施看，更重要的是如图5-1中所示的宏观战略层面举措，即强化法律法规体系、战略规划体系、基础设施体系和市场网络体系的支撑作用，依此搭配质量信息联通机制、统一标准保障机制、产品价格规范机制以及物流系统保障机制等，有效解决当前土特产全国市场面临的问题和挑战，提高土特产经济全国市场的有效性并促其整体升级，加速迈入新质生产力时代，为消费者提供更加优质、安全的产品和服务。

三、新质生产力赋能土特产经济国际市场建设

随着全球化的深入发展，土特产经济走向国际市场已成为必然趋势。在国际市场中，土特产面临着激烈的竞争和多元化的消费需求，新质生产力可以其创新性、高效性和技术驱动性等，确保土特产经济能够在国际竞争中占据一席之地。一是分析各种土特产品的国际需求以及形成这种国际需求的法律、文化等关联因素，及时反馈给国内商户，供国内商户自主决策。二是重视品质品牌，坚持自信自立，并围绕这两点开发相关生产加工技术，针对不同国家和地区的消费需求，提高土特产品质，开发多样化产品，探索适宜化模式。三是致力于建设场景型、展示性的国际市场实体，并基于此建立土特产电子商务平台，开展跨境电商业务，拓宽国际市场销售渠道。四是坚持标准化与国际化认证提升信誉，参照国际标准，建立土特产的生产、加工、储存、运输等全链条的质量管理体系，积极申请国际认证，提升产品的国际信誉度和市场竞争力，加强与国际质检机构的合作，确保土特产符合目标市场的准入标准。五是构建自主可控安全保障的国际物流体系，建立完善的国际物流网络，确保土特产能够快速、安全地送达目标市场，提高物流效率。六是统筹政策支持与风险防范，政府应加大对土特产出口的政策扶持力度，建立完善的风险预警和应对机制，及时应对

国际贸易摩擦和市场风险，加强国际合作与交流，推动签订双边或多边贸易协定，为土特产出口创造更有利的外部环境。也就是说，新质生产力赋能土特产经济国际市场建设，既要坚持标准化接轨国际市场，又要强化自主化提出更高标准；既要融入国际土特产经济体系，又要坚持自主可控把握关键环节；既要精准布局提升土特产经济整体效能，又要防范风险强化土特产经济韧性。

四、新质生产力赋能土特产经济电商市场建设

电商市场已成为土特产经济发展的重要平台。电商市场以其全球化、无时空限制、低成本高效率、个性化服务等特点，为土特产经济的发展提供了新的机遇。一是利用大数据技术精准定位市场需求，收集并分析消费者在线购物数据，利用大数据预测市场趋势，了解消费者的购买偏好、消费习惯等，精准定位目标市场需求，推动调整产品结构，开发符合消费者需求的土特产产品，为库存管理、生产计划等提供决策支持。二是优化物流配送体系，提高客户满意度，建立完善的物流配送网络，确保土特产能够快速、准确地送达消费者手中，引入智能物流技术，实现物流信息的实时更新和共享，提供优质的售后服务，及时解决消费者在购物过程中遇到的问题。三是创新电商销售模式，拓宽销售渠道，探索直播带货、社交电商等新型销售模式，拓宽土特产的销售渠

道，与知名电商平台合作，开设官方旗舰店或专卖店，提升品牌影响力，开展跨境电商业务，将土特产推向国际市场。四是加强产品质量监管，保障消费者权益，建立严格的产品质量检测体系，确保土特产的质量和安全，在电商平台上提供详细的产品信息和购买指南，帮助消费者做出明智的购买决策，设立消费者投诉渠道，及时处理消费者的投诉和反馈。五是培养电商人才，提升运营水平，开展电商培训活动，提高从业人员的电商知识和技能水平，为土特产电商市场的发展提供智力支持，建立激励机制，鼓励员工积极创新、提升运营效率。六是促进电商市场与生产、加工等融合发展，支持土特产经济电商市场从业者建设自营产地、自营车间，打造土特产经济电商市场品牌产地、品牌车间，通过一体化运营方式提高电商市场产品质量。也可以说，新质生产力赋能土特产电商市场，既要促进电商市场本身的能力提升，也要促进电商市场与整个土特产经济的有机融合，包括人的融合、资本融合、标准融合等。

第三节

新质生产力赋能土特产经济的持续有源

土特产经济若想实现持续发展，则必然要在源头上下功夫。土特产经济的源头是土特产产品，土特产产品的源头则

是土地、劳动、文化、生态等资源，而新质生产力能在保护
这些资源不弱化、不异化方面发挥重要作用。

一、保护土特产品土地资源

利用新质生产力来保护土特产品土地资源，是一种创新
且全面的方法，旨在通过科技手段、生态手段等实现土地资
源的可持续利用与保护。一是利用新质生产力手段精准计算
土地需求，利用 GIS（地理信息系统）、遥感技术和大数据分
析等现代技术手段，对土特产品种植所需的土地资源进行精
确评估和规划。通过收集气候、土壤、水文等多维度数据，
建立土地适宜性评价模型，为土特产品选择合适的种植区
域，避免过度开发和资源浪费。二是利用新质生产力开发保
护土地的相关装备，在利用土地的同时保护好土地。如开发
更有利于保护性耕作的智能农机具，根据土壤实际情况进行
作业，减少对土地的破坏。开发土壤改良和修复装备，如土
壤翻耕机配备的土壤调理剂施加装置，以改善土壤结构，提
高土地肥力。三是利用新质生产力开发保护土地的生产资料
（化肥、农药等），让土地生态良好，在休养中实现恢复。如
研发环保型化肥、生物农药等生产资料，减少化学物质对土
壤的污染。利用微生物技术、纳米技术等新质生产力手段，
开发高效、低毒、易降解的农业投入品，促进土地生态系统
的良性循环。四是利用新质生产力开发一批天地一体的土壤

质量监测设备，动态发现保护土地资源的关键节点和关键需要。结合卫星遥感、无人机巡检、地面传感器网络等技术，构建全方位的土壤质量监测系统。通过实时监测土壤养分、水分、污染状况等指标，及时发现土地退化、污染等问题，为土地保护和治理提供科学依据。五是培育壮大一批以土地保护为主营业务的新质生产力主体，采用市场机制保护土特产需要的土地资源。鼓励和支持以土地保护为核心业务的企业、合作社、科研机构等新型农业经营主体的发展。通过政策引导、资金扶持、技术培训等措施，提高这些主体的土地保护能力和技术水平。注意要强化技术手段，同步更新制度手段，建立符合新质生产力时代的土地保护市场机制。

二、保护土特产品人力资源

人力资源是土特产品生产的关键要素，其素质与数量直接影响到土特产品的创新能力和市场竞争力，利用新质生产力来保护土特产品的人力资源显得尤为重要。一是利用新质生产力手段保护现有人力资源。土特产品领域现有人力资源蕴含着独特的技能和专属的技艺，这些都是非物质文化遗产的重要组成部分。为保护这些宝贵人力资源及其内容，可利用新质生产力手段进行留存、复制和传承工作。通过数字化技术将这些技能和技艺记录下来，形成数字化的教学资源，方便后人学习和传承。二是利用新质生产力挖掘开发人力资源。除了保护现有人力资源，还要利用新质生产力技术挖掘和开发新的人力资源，着力开发相关模拟装备、动画游戏、人机对话等。开发土特产品生产的模拟装备，让学习者在模拟环境中进行实践操作，提高他们的技能水平。开发相关动画游戏，通过游戏化的方式吸引更多的人参与到土特产品领域的学习和实践中来。开发人机对话技术用于土特产品领域的人力资源开发，依托智能问答系统等方式，为学习者提供个性化的学习支持和指导。三是利用新质生产力模式推进壮大土特产领域人力资源。支持有关地区设立土特产学院，通过专业化的教育和培训，培养更多具备土特产品生产和管理能力的人才。支持新农科建设关注土特产领域，推动农业科学与信息技术的融合，为土特产品领域的发展提供更强有力的支撑。四是探索新质生产力下保护开发人力资源的新模式。利用大数据和人工智能技术，对土特产品领域的人力资源进行精准分析和预测，为人才培养和引进提供科学依据。探索跨界合作的新模式将土特产品领域与其他领域进行融合，共同推动人力资源的保护和开发工作。鼓励强化群众路线，推动民间自发传承现有人力资源相关技能。通过媒体宣传、文化活动等方式，提高社会对土特产领域人力资源的认同和尊重。

三、保护土特产品文化资源

文化资源是土特产品的灵魂所在，其独特性和丰富性为土特产品赋予了深厚的文化内涵和品牌价值。新质生产力，作为新时代下的一种创新力量，为土特产品文化资源的保护提供了新的思路和方法。一是利用新质生产力手段赋能土特产领域文化基础设施。文化基础设施是保护和展示土特产品文化资源的重要平台。加强新质生产力手段，如数字化技术、虚拟现实技术等对土特产领域的文化场馆进行赋能，将土特产品的历史沿革、制作工艺、文化内涵等信息进行数字化处理，形成丰富的在线资源库，方便公众随时随地进行学习和了解。二是利用新质生产力赋能土特产领域文化产品服务。利用新质生产力技术开发出更多具有创意和体验性的文化产品服务。结合现代设计理念和传统工艺，打造出既符合现代审美又蕴含传统文化的土特产品。利用数字技术、3D打印技术等，开发出以土特产品为主题的互动体验服务，让公众在参与中感受土特产品的文化魅力。三是利用新质生产力模式赋能土特产领域文化活动场景。利用新质生产力模式和相关技术手段，举办以土特产品为主题的创意设计大赛、文化节庆活动等，吸引更多的公众参与其中。利用新媒体平台扩大相关活动影响力。四是利用新质生产力形态赋能土特产领域文化挖掘与传承。通过人工智能技术对大量的文献资料进行自动分类和提取关键信息，快速了解、获取更多的土特产品历史和文化内涵。利用大数据技术对公众的文化需求进行精准分析和预测，为土特产经济文化产品的开发和推广提供科学依据。利用数字技术对传统的文物保护和修复工作进行赋能，提高文物保护的效率和准确性。五是将土特产品文化纳入地方教育体系，通过学校教育、社区培训等方式，加强对年轻一代的文化传承教育。鼓励社会各界参与土特产品文化的保护与传承工作，形成全社会共同关注和支持的良好氛围。

四、保护土特产品环境资源

环境资源是土特产品生产以及发展壮大的外部条件，其优劣直接影响到土特产品的品质和生态安全。这种环境资源既包括自然生态环境也包括系统发展环境，只有统筹两个环境的保护，才能让新质生产力发挥更大作用。一方面，要利用新质生产力手段保护土特产领域生态环境资源。要保护与土特产共生的各种生物（包括一些可能被认为有害的生物），土特产品的生长与繁衍离不开特定的生态环境，其中共生生物是构成这一环境的重要组成部分。利用新质生产力手段保护这些共生生物，对于维护土特产品的生态平衡和品质至关重要。要应用精准生物监测与保护技术，了解各类共生生物其在土特产品生态系统中的作用和地位以及相关生物的生活习性，进而确立最优的生态修复与重建技术路径及实施方案，通过保护土特产品的共生生物，提升整体生态系统的稳定性和韧性。要保护土特产生存的空间自然环境，依托新质生产力手段划定土特产品核心产区，并将其作为自然保护区或生态红线区域，严格限制人类活动对其自然环境的干扰和破坏，利用遥感技术和地理信息系统对保护区进行实时监测和管理，确保生态环境得到有效保护。加强环境影响评价与生态补偿技术的创新、气候智能农业技术（含气候智能的土特产业技术）的应用以及土特产经济的节能降碳技术机制研究，从最优化、最系统角度保护土特产经济的自然生态环境。另一方面，利用新质生产力优化土特产领域发展环境资源。利用新质生产力技术优化社会环境资源，如加速数字化进程、文旅融合进程、教育科普进程等塑造社会环境；利用新质生产力技术优化营商环境资源，如加速政务服务数字化转型，加强知识产权保护与服务、金融服务创新与支持等；打造有利于土特产经济发展的创新环境，按照新质生产力发展态势和技术支撑情况打造新形态的产学研用协同创新体系、科技创新平台载体体系、创新创业生态体系等。只有坚持两个环境并重，才能既有好资源、又有好产品，还有好市场，才能实现土特产经济的高质量发展。

第四节

新质生产力赋能土特产经济的要素有新

　　市场有效和持续有源是土特产经济的发展基础，是要素汇聚组合的重要前提，是形成土特产经济体系的必要条件。

然而土特产经济的持续稳定发展，不仅需要要素汇聚组合，还需要要素升级提质，以实现土特产经济的创新发展和产业现代化目标。这就需要强化新质生产力对土特产经济中各类要素的赋能。由于土地要素、劳动要素相关内容在上一节中已有所体现（土地资源、人力资源），本节中不再阐述。

一、新质生产力赋能土特产经济资本要素

资本是市场经济体系的核心，是现代经济发展的血液，土特产经济离不开资本的支撑。新质生产力在自身发展过程中，能够赋能资本要素提升，以助力土特产经济发展。一是新质生产力有利于土特产经济领域资本结构优化。新质生产力的发展利于推动科技创新与金融创新深度融合，为土特产经济引入多元化资本来源，通过风险投资、天使投资等新型融资方式使土特产企业获得更多的初创资金和成长期资金，引导政府引导基金、社会资本等积极参与土特产经济投资，形成多元化的资本格局。新质生产力强调数据驱动和智能决策，通过大数据分析、人工智能等技术手段，能够更准确地评估土特产项目的市场潜力、风险水平和预期收益，引导资本投向，从而提高资本使用效率和配置效率，避免了盲目投资和重复建设。二是新质生产力有利于土特产经济领域资本规模壮大。新质生产力为土特产经济带来产业升级和扩张新机遇，通过引入先进技术、智能装备、管理经验等，土特产

企业能够提升生产效率、降低生产成本、提高产品质量，扩大生产规模和市场份额。随着企业规模扩大和赢利能力提升，土特产经济领域资本规模也将随之壮大并涵盖种植、加工、销售、文化旅游等多个环节的完整产业链。同时面向土特产经济的政府政策引导和营商环境改善等因素，也将吸引外部资本投入土特产经济领域，实现资本规模的扩张。三是新质生产力有利于土特产经济领域资本收益提升。新质生产力的扩散性、渗透性和可持续性等特征，将帮助土特产经济持续提高产品附加值以及拓展销售渠道和市场份额，并通过规模效应和创新效应不断降低土特产经济成本，这些都将提升土特产经济领域的资本收益水平。四是新质生产力有利于土特产经济资源变资本进程。新质生产力通过引入先进技术和智能装备，提高了土特产经济领域资源的利用效率和管理水平，进而促进了相关资源的高效利用；同时还能推动土特产经济领域资源的资产化和证券化进程，如将土地、林权、水域使用权等资源性资产进行确权登记和评估定价后上市交易或发行资产证券化产品（如 ABS、REITs 等），将静态的资源性资产转化为动态的金融性资产，实现资源的资本化运作和增值收益。五是新质生产力有利于土特产经济资本链产业链协同发展。新质生产力发展能够促进土特产经济产业链上下游企业在资本领域的紧密协同和深度合作，推进资本链与产业链深度融合，实现资本链支撑产业链发展、产业链保障资本链壮大的目的，也有利于实现围绕资本链布局土特产经济产业链，依靠产业链形成土特产自身资本链的新模式。具体看，可以通过按新质生产力要求规划、建设以及改造土特产产业园区形成产业集聚效应、完善基础设施和公共服务提供良好的发展环境、促进上下游企业加强合作提升整个产业链的竞争力、发挥行业协会科研机构等组织桥梁作用促进产业链各环节的紧密连接和协同发展等加速资本集聚与产业链协同进程。也就是说，新质生产力基于自身发展，能够从多个维度赋能土特产经济的资本要素提升，有利于土特产经济领域资本结构优化、资本规模壮大、资本收益提升以及资源变资本进程加速，实现土特产经济内生的资本链的形成和壮大，进而保障土特产经济的转型升级和高质量发展。

二、新质生产力赋能土特产经济技术要素

新质生产力赋能土特产经济技术要素，以推动土特产经济发展，作用路径和作用机制主要包括如下几个方面。一是新质生产力能够以其精准性发现不同土特产产品最需要技术要素的节点，让技术要素更有效。土特产的生产过程复杂多样，不同产品在技术需求上存在显著差异。新质生产力凭借其精准性，能够深入剖析土特产生产过程中的关键环节，识别出最需要技术要素介入的关键节点，实现技术要素的精准投放和高效利用。这里面包括精准识别技术需求和精准投放

技术要素两个环节，新质生产力在这方面的精准赋能，是传统生产力情况下难以实现的。二是新质生产力能够支撑科学层面进步为技术要素提供更多原动力，让技术要素具有更高能级。科学层面的进步是推动技术要素升级的根本动力。新质生产力作为创新起主导作用的先进生产力质态，不仅能及时推进科学向技术的转化以及科学技术的应用，还能反馈催生新的科学理论和技术成果，以此为土特产生产提供更高能级的技术支持。新质生产力将在推动科学理论创新、促进技术成果转化、形成颠覆式科技产品等方面发挥关键作用，也将在推动与土特产经济相关联的基础科学研究、科技成果转化模式和未来产业发展方面发挥重要推动作用。三是新质生产力能够提升人的科学素养和技术素养，让技术要素的应用有更大、更多的可能性。新质生产力是以知识、科学等为核心的生产力，必将推动知识、科学等更广泛更深入的普及，进而让人民群众的科学素养和技术素养得到大幅度提升，思维能力和实践能力得到普遍提高，为技术要素的应用提供有力保障。这不仅有助于土特产经济领域培养新型职业农民、引进高层次人才，还有助于全社会关注、发展土特产经济，共同促进土特产经济领域的技术要素升级。四是新质生产力能够让技术要素本身的升级更可持续，让应用和创新相得益彰。新质生产力强调技术的持续升级和创新发展，不断优化技术要素本身，推动其在土特产生产中的应用更加广泛和深入，实现应用和创新的良性循环。发展新质生产力要求加强科研投入、鼓励技术创新等措施，推动技术要素本身的迭代升级，同时需要应用和创新相互促进。新质生产力是"科技创新推动产业创新"的生产力，这就要求不断推动技术应用与产业实践的深度融合，使技术要素在应用中不断得到验证和优化，使产业实践中的新需求和新问题成为新技术的重要源泉。这种应用和创新相互促进的良性循环在土特产经济中的深入应用，将为土特产经济的可持续发展提供有力保障。五是新质生产力能够让科技创新链、技术应用链和产业发展链更加紧密地结合起来。通过精准区分科技创新链、技术应用链和产业发展链，进而促进三链紧密结合，形成一体化创新体系，实现科技、产业和市场的深度融合。新质生产力将推动单一技术要素的升级和应用，并引领产业链上其他要素的升级和融合。总体而言，新质生产力将通过精准识别技术需求、推动科学理论创新、提升人的科学素养和技术素养、推动技术创新迭代以及打造一体化创新体系等措施，赋能土特产经济技术要素提能升级，成为土特产经济发展的重要支撑力量和关键核心动力。

三、新质生产力赋能土特产经济数据要素

数据已成为驱动经济社会发展的新燃料，而土特产作为地方经济的重要组成部分，用好数据要素对其发展具有重要意义。新质生产力赋能土特产经济数据要素，要关注如下几

个方面。一是新质生产力能够赋能土特产经济形成数据、储存数据、分析数据、运用数据的全过程。要用新质生产力形成采集更易、成本更低、应用更简的数据采集终端产品，并加速其他土特产经济中的全环节应用，构建起全方位、多维度的数据采集体系，丰富土特产经济的数据基础。要通过新质生产力的提升，强化土特产经济数据的集中存储与高效管理，建立云数据中心，实现数据的统一存储、备份与恢复，确保数据的安全性与可用性，还要提升数据访问速度，降低存储成本，加强数据加密与隐私保护机制，构建高效安全的土特产经济数据仓库。新质生产力要通过机器学习、深度学习等算法和技术水平的提升，对收集到的数据进行深度挖掘，揭示数据背后的规律与趋势，及时发布数据分析的结果，为土特产经济提供了科学依据。新质生产力还要鼓励土特产经济将数据洞察转化为实际行动，推动业务模式创新，驱动新产品研发，以增强市场竞争力。二是新质生产力能够赋能土特产经济与其他领域发展系统间交互数据、共享数据和创新数据组合的过程。新质生产力强调打破信息孤岛，实现跨系统、跨领域的数据交互与融合，在土特产经济中，依靠新质生产力打破农业、加工、销售、物流等环节之间的信息壁垒，建立统一的数据标准与接口，促进不同系统间的数据流通，支持业务流程的协同与优化，实现数据的无缝对接与共享，已经是一种必然选择。新质生产力加速构建土特产经济数据共享平台进程，为产业链上下游企业、科研机构、政府部门等提供数据交换与共享的空间，以促进数据资源优化配置。共享平台通过数据脱敏、匿名化处理等技术，保护数据安全与隐私，促进数据资源的有效利用。新质生产力鼓励对数据进行创新性的组合与应用，探索新的商业模式与服务形态。三是新质生产力能够赋能提升数据要素转化为经济价值社会价值的过程。新质生产力通过数据驱动的决策支持系统，帮助土特产经济实现更精准的生产计划与资源配置。新质生产力注重数据在土特产经济中的社会价值转化。通过数据分析，推动绿色生产，缩小城乡差距，保护土特产文化，增强社会凝聚力。四是新质生产力能够同步赋能"土特产数据化"和"数据土特产化"两个进程，让数据也成为相关地区的土特产。"土特产数据化"是指将传统土特产的各类信息（如产地、品种、工艺、文化故事等）数字化，通过互联网平台进行展示与传播，无疑新质生产力在这方面能发挥巨大作用。"数据土特产化"则是指将数据本身作为一种特殊的"土特产"，通过加工、分析、包装，转化为具有地方特色与价值的数据产品或服务。这些新型"土特产"将丰富土特产经济的内涵，为地方经济发展带来了新的增长点。新质生产力通过同步赋能"土特产数据化"与"数据土特产化"，实现数字经济与实体经济的深度融合，共同推动土特产经济的全面发展。

四、新质生产力赋能土特产经济管理要素

管理是一种新质生产要素，关系着土特产经济的微观运行效率和微观主体安全。新质生产力赋能土特产经济管理要素提升，以推动土特产经济发展，要关注如下四个方面内容。一是新质生产力能够赋能土特产经济中微观主体管理者管理能力提升。新质生产力的发展离不开科技创新的支撑，而科技创新又要求管理者具备与之相匹配的知识和技能。新质生产力通过提供培训交流平台、知识共享平台等方式，帮助包括土特产经济主体管理者在内的各种管理者不断更新知识结构、改进管理思想、提升管理能力。新质生产力还强调数据驱动决策、问题导向决策、节点赋能决策等方式促进管理决策科学化水平。二是新质生产力能够赋能土特产经济管理对象，使之更好理解管理者意图。新质生产力的发展推动了信息化手段、智能化技术在经济管理中的广泛应用，使管理者可以将管理意图、政策导向等信息更及时、更准确地传达给每个管理对象，提高沟通效率。管理对象也可以通过平台反馈意见和建议，形成双向互动的沟通机制，增强执行力和协作能力。三是新质生产力能够创新管理工具，强化管理节点，有利于土特产经济微观主体的管理费用降低和管理绩效提升。新质生产力的发展已经催生了众多数字化管理工具且还将催生出更高效、更精准的管理工具，并以之更好集成企业内外部资源，实现业务流程的标准化、自动化、安全

化。在土特产经济中，管理者可以运用这些工具对生产、销售、财务等各个环节进行精细化管理，降低管理费用和运营成本。新质生产力强调对管理节点的实时监控和动态调整，以及在非管理节点上赋予管理对象弹性空间，这对于土特产经济防风险、降成本、增效益具有重要意义。四是新质生产力能够赋能土特产经济改进以产品为核心的管理模式，加速形成以人为核心的管理模式。传统土特产经济管理往往以产品为核心，注重产品的生产、加工和销售等环节的管理。新质生产力的发展推动了人本管理模式的兴起，管理者更加注重人的需求和价值实现，将员工、客户等利益相关者纳入管理范畴，通过激发其积极性和创造力来推动土特产经济的发展。新质生产力通过智能化技术等的应用，能够在大数据、大模型中更好地推进管理模式优化，更精准地了解员工和客户的需求和行为模式，提供更加个性化、特色化、高效化的服务，以提高管理效率和服务质量。可以说，新质生产力通过沟通的改进和技术的创新，可以赋能土特产经济管理要素更高效、管理模式更人本，以确保生产力进步更内生、更可持续，为土特产经济不断注入新动能和新活力。

五、新质生产力赋能土特产经济知识要素

知识是经济发展的潜在要素和间接要素，但是知识的积累决定了思想的深度、创新的力度、文化的厚度等，对于

土特产经济这种群众性、复合型经济领域而言具有特殊的影响。新质生产力赋能知识要素进而推动土特产经济发展，要重点关注如下四个方面。一是新质生产力赋能土特产经济挖掘传统知识和现存知识，找到契合土特产经济所在发展阶段的知识热点。土特产经济背后蕴含的传统知识和现存知识，往往因缺乏有效的挖掘和利用而沉睡。新质生产力以其强大的信息处理能力和技术创新优势，为土特产经济提供了挖掘传统知识和现存知识的契机。这包括数字化技术助力知识挖掘，将土特产经济中的传统知识和现存知识进行系统化、结构化的整理，形成易于传播和利用的知识库，依靠智能算法自动识别和挖掘数据中的模式和规律，快速找到土特产经济中与当前发展阶段相契合的知识热点，绘制知识图谱构建知识体系，将土特产经济中的知识要素进行关联和整合，形成完整的知识体系。二是新质生产力有助于融合土特产经济之外的相关知识，实现知识要素的进步，增加土特产经济知识总量。新质生产力以其开放性、包容性、交叉性、多元性，为土特产经济融合来自其他领域的相关知识提供了可能。新质生产力鼓励跨学科的合作与交流，将不同领域的知识进行融合和创新，进而赋能土特产经济发展。新质生产力促进全球范围内的知识共享和交流，以借鉴和学习其他国家和地区的先进经验和做法，结合自身实际情况进行创新和发展。新质生产力注重创新知识的应用和实践，在实践中进一步丰富知识要素的内容。三是新质生产力能够模拟、试验多样化的知识组合方案，为创新、生产等实践活动提供新的参考。如应用虚拟仿真技术对不同的知识组合方案进行试验和评估，找到最优方案实施，以降低创新成本和风险。如运用人工智能辅助创新，加速存量知识挖掘和新型知识创造的兼容进程，对土特产经济中的各种问题进行智能分析和解决，也是一种重要的知识组合过程。四是新质生产力能够细分知识要素的种类，提升知识要素交流的广度和深度。深化知识分类与标准化进程，通过制定统一的、更精准的知识分类标准和规范，方便不同领域和地区之间的知识交流和共享；搭建基于最新标准或者最前沿需要的知识平台与知识社区，为土特产经济中的知识交流和共享提供便捷的渠道；加速知识服务与咨询行业发展，打造专业的知识服务机构和咨询团队，为土特产经济中的企业和个人提供定制化的知识服务和解决方案。可以说，新质生产力源于知识，又将丰富知识，这些过程都能为土特产经济提供新可能、注入新活力，推动其全面、高质量发展。

第五节

新质生产力赋能土特产经济之其他路径

在图 5-1 中，除了市场有效、持续有源、要素有新，还涉及环境有利、政策有力、人才有魂、创新有点等四个方面。这四个方面的相关内容在前面已经有所涉及，本节将围绕这四个方面的其他要点进行概述。

一、新质生产力赋能土特产经济的环境有利

　　新质生产力能够优化土特产经济的综合环境。前面已经对营商环境、文化环境、生态环境等有所涉及，此处从数字环境、乡土环境两个方面予以补充。其一，新质生产力本身就具有数字属性，数字经济、数字技术是其赋能土特产经济的重要途径，同时也要注意到新质生产力本身的提升也有利于数字经济、数字技术的进一步提升，进而形成从新质生产力到数字经济再到土特产经济三者之间的闭环发展循环。如图5-2所示，新质生产力以科技之力赋能数字经济，数字经济以加速土特产经济数字化步伐赋能土特产经济，土特产经济以群众经济模式赋能于新质生产力；新质生产力以人民之力赋能土特产经济，土特产经济通过推动数字土特产化（或者数据土特产化）丰富了数字经济，数字经济又以数字之力（或数据之力）助力新质生产力之提升。这个循环是容易被一般人所忽视的，而通过这个循环所构筑的数字环境对土特产经济发展也是极其必要的，这能让土特产经济从生产力和生产关系两个方面获得赋能。其二，新质生产力能够通过赋能乡土环境提升而助力土特产经济发展，如助力保护以及形成与土特产相契合的乡土风貌，发展基于土特产经济或者土特产元素的乡村旅游，培育具有乡土情怀和创新能力的乡

土人才等。可以说，新质生产力能够兼顾传统和现代两个风格、能够统筹科技和乡愁两个底色、能够融合人、物、生态三个现代化进程，形成全方位、多层次的环境底色，为土特产经济的持续健康发展提供有力的保障和推动。

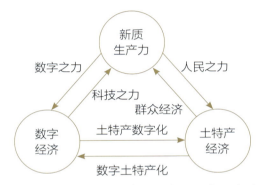

图 5-2 新质生产力、土特产经济、数字经济关系图

二、新质生产力赋能土特产经济的人才有魂

人才是土特产经济发展的灵魂，只有让土特产融入了人才灵魂，人才才能真正推动土特产经济发展。而新质生产力能从培育"土特"人才、集成"市场"人才、联动"全国"人才以及开发"系列"人才四个方面实现"人才有魂"这一目标。一是培育"土特"人才，打造土特产经济的核心引擎。土特产的独特性在于其地域性、传统性和稀缺性，土特产人才的特质则在于能够从灵魂深处了解土特产，这就需要更多

的新质生产力来解读土特产，融入教育培训中。特别是要把新质生产力融入师徒传承与技艺弘扬的场景中以提升人才培养的效率，可利用现代科技手段，如视频记录、虚拟现实、人机对话等方式，记录和保存传统技艺，便于广泛传播和学习。二是要集成"市场"人才，构建市场化的运营体系。要依靠新质生产力相关手段来筛选"市场"人才，主动出击抓住相关人才，组合人才共同制定不同市场的差异化开发策略。三是要联动"全国"人才，汇聚全国智慧推动土特产经济。要运用新质生产力手段，建设土特产类人才云平台，汇聚各领域专家、学者、创业者、创意者等为土特产企业提供智慧。四是要开发"系列"人才，形成各条战线的人才梯队，在生产加工人才、品牌营销人才、管理服务人才、科技研发人才、国际推广人才等方面形成可持续发展的力量。总的来说，就是要适应新质生产力时代的发展要求，运用新质生产力的技术手段，全面构建起一支高素质、专业化、系列化的人才队伍，为土特产经济的蓬勃发展提供强有力的支持。

三、新质生产力赋能土特产经济的创新有点

创新，作为推动土特产经济转型升级的关键驱动力，其多维度、多层次的实践路径显得尤为重要。从土特产经济的多样性、多元性、"小而美"等特征和趋势出发，新质生产力赋能土特产经济要重视"微创新""实创新""点创新"三

个维度。一是用好"微创新",以微改进式创新引领精细化发展。"微创新",顾名思义,是指在现有基础上进行细微但关键的改进,以达到提升产品竞争力、优化生产流程或增强用户体验的目的。在土特产经济中,要强化产品微创新,通过对土特产的外观设计、包装设计、口味调整等进行细微改进,有时候一个微米水平的光滑度改进、一克糖或盐等调味品的增减,也可以提升产品的吸引力和附加值。要强化生产流程微创新,在生产过程中不仅是引入新技术、新设备,有的时候螺丝多拧一圈、瓶盖少拧紧1微米、温度调整0.1摄氏度,都能提高消费者的体验。要开展营销微创新,有的时候营销中多两次微笑、多几下举手之劳,比多几个故事营销、情感营销还有效。二是要抓好"实创新",以实效性创新驱动产业升级。"实创新"强调创新成果的实际应用效果,即创新必须能够带来实实在在的经济效益和社会效益。这既包括产业链延伸方面的创新,也包括品牌化建设的创新,但都具有一个特点就是来自基层实践的创新,来自工程技术人员甚至是车间工人的创新。三是要强化"点创新",每次创新都能强化产业链节点功能。"点创新"要求每次创新都能精准作用于产业链上的某个关键节点,通过强化该节点来推动整个产业链的升级发展。为此,要注意发现产业链以及工艺流程中的小缺点,通过技术创新强化生产节点、模式创新强化销售节点、服务创新强化服务节点等让产业链和产业体系更加完整、更具韧性。

四、新质生产力赋能土特产经济的政策有力

新质生产力还能够赋能土特产经济政策制定、执行、反馈和创新等方面。一是新质生产力让土特产经济政策制定更有力，通过各类云平台、各类信息反馈渠道，以及新质生产力相关手段的科学分析和精准模拟，能够找到既符合总体战略规划要求，又符合基层群众需要的最优政策方案，能够让新质生产力与土特产经济更加紧密结合，能够提出更加因地制宜地的行动策略，能够在财政投入、税收优惠、金融扶持、土地使用方面做出更可靠的选择。二是新质生产力让土特产经济政策执行有力。新质生产力能够让专门负责土特产经济的机构掌握更多数据信息，及时做出决策判断，具有更加清晰的职责分工，能够推动技术推广、品牌建设、市场拓展、财政支持等工作，使政策举措更精准、更有效地落到相关节点和主体上。三是新质生产力让土特产经济政策反馈有力，新质生产力有助于建立政策实施反馈机制，通过更加多元、更加快捷的渠道将基层的政策效果反馈给政策制定部门、政策执行部门，以使相关部门调整政策内容、督促政策执行、强化宣传引导、改进相关做法。四是新质生产力让土特产经济政策创新有力。新质生产力能够让基层群众了解到更多的政策内容以及国家战略方向，能够让基层群众提出更多的更合适的解决办法，能够更好地融合各个部门各个领域的创新做法，能够弥合数据鸿沟等让"问计于民"落到实处，更好地推动土特产经济政策务实有效、创新有力。

第六章

全力开创土特产
经济新局面

CHAPTER 6

前五章的论述，或多或少地表明了新质生产力是人民之力，土特产经济是群众经济，两者之间具有天然的联系。这决定了新质生产力必将推动土特产经济高质量发展进程，必将开创土特产经济新局面。

第一节
研究结论以及有关发展倡议

本书的核心结论是：土特产经济发展是中国式现代化的重要内容，新质生产力发展是土特产经济升级的重要机遇，两者在进一步全面深化改革的有关部署的支撑下能够相向发力，为现有土特产经济高质量发展注入强大动力，也为未来土特产经济持续性发展奠定坚实基础。其中较为重要的结论包括：（1）土特产经济在经历了数千年演变之后，正在经历一场深刻变革，这将为土特产经济带来更多的机遇和挑战，也将为消费者带来更加丰富、多元、高品质的土特产产品和服务。土特产经济正走向新业态、新消费和跃升式发展的新时代，即"新质生产力赋能土特产经济时代"。（2）土特产经济具有"最接地气""最为普遍""最具特色""最佳生态""最能共鸣"的特征，有利于推进人口规模巨大、实现全体人民共同富裕、促进物质文明和精神文明相协调、实现人与自然和谐共生以及推动和平发展道路的现代化，是中国式现代化的重要组成部分。（3）具有"特点是创新，关键在质优，本质是先进生产力"的新质生产力已经成为土特产经济破解高质量发展三问（时代之问、土特之问、未来之问）、实现可持续发展和更健康发展的唯一路径。（4）对于土特产经济发展而言，新质生产力的内在核心是人民之力、外在表现是创新之力、面向未来是持续之力，赋能发展是绿色之力和实践之力。从"因地制宜发展新质生产力"看，人人可能成为赋能土特产经济发展的新质生产力。（5）新质生产力赋能土特产经济要遵循其赋能农业发展的一般规律，要遵循土特产经济发展的特殊规律，还要把握乡村全面振兴的系统规律，基于此新质生产力赋能土特产经济要把握好五个维度（理念维度、空间维度、时间维度、对象维度和系统维度）并进而施策。在上述结论下，本书又总结了土特产经济发展的四条规律、新质生产力赋能的四条特征、面向未来发展的五点倡议，以为结论之补充。

一、土特产经济发展的四条规律

（一）以人为本、质量为先

以人为本是土特产经济的魂，质量为先是土特产产品的魄。两者合而为一，才能形成土特产经济的内核，才能筑牢土特产经济的本质，才能纯粹土特产经济的底色。土特产经济发展要始终把人的需求和发展放在首位，只有满足了人的需求、推动了人的发展，才能更好地解放和发展土特产经济的生产力，这包括不断推动生产者的技能提升、不断提升消费者的满意度、不断强化宣传者的真实传播以及确保收到评价者的评价反馈。只有这样才能了解什么是土特产经济的发展质量，并进而推动土特产经济高质量发展进程。质量为先则是始终坚守质量底线，把提升产品质量作为核心任务，以产品质量作为产业质量和经济体系高质量发展的保障，既要用科学技术保障和不断提升质量，又要用法规标准体系约束质量，既要在产品生产核心环节保障质量，又要在产业体系各个链条上保障质量。以人为本是质量为先的前提，质量为先是以人为本的结果，必须将两个因素放在同一条规律中通盘考虑，必须让理念和行动在同一条规律中统一，才能让多样的、分散的、灵活的土特产经济实现高质量发展和跃升式进步。

（二）绿色引领、创新驱动

绿色引领是土特产经济的质，创新驱动是土特产产品的擎。两者合而为一，绿色是内核，创新是外延，才能形成土特产经济的魅力，才能打造土特产经济的模式，才能塑造土特产经济的未来。土特产经济发展必须坚持绿色引领，但这种绿色不只是现在的绿色，还包括未来的绿色，这是因为要按照历史唯物主义方法论认识到绿色的动态升级属性，是因为绿色引领是人类社会的本质属性和人类社会恒久延续的根本保障。在土特产经济的发展中，既要坚持绿色、健康、可持续的发展理念，又要按人的发展的方向不断完善和提升相关的理念以及标准，还要倡导和推进相关的行动和倡议，只有以"不进则退"的精神去实现绿色引领，土特产经济才会更环保、更健康、更可持续。而这种"不进则退"的精神在行动上就是创新驱动，不断引入新的技术、新的模式和新的管理理念，推动产业的创新升级——技术创新、模式创新、业态创新、管理创新、人的创新等——以使土特产经济更绿色、更健康、更持续和更能满足人的发展需要，并以此为方向提高土特产的特色属性、附加价值和竞争能力，实现土特产经济的快速增长和持续发展。

（三）特色突出、品牌塑造

特色突出是土特产产品的颜，品牌塑造是土特产经济的径。两者合而为一，产品有颜值、政策有路径，才能形成土特产经济的高地，才能塑造土特产经济的信心，才能引领土特产经济的发展。特色突出是土特产经济必备之要点，没有特色就无法称之为土特产。在土特产经济的发展中，要充分挖掘和突出产品的特色，包括地域特色、文化特色、品种特色、营养特色、功能特色等多个方面，一定要"细分再细分"地进行研究，以增强土特产的辨识度和吸引力。在精准细分产品特色的基础上，才能进行品牌塑造的过程。这种品牌塑造要注意品牌形象、产品功能与产品属性的统一，要注意地域特色、文化内涵和品质保障的统一，要统筹短期创建、中期提升和长期维护相关策略的统一，要注意无形的手、有形的手和企业家能力的统一，要注意产业空间、区域空间、市场空间相关政策的统一。要坚持"从特色出品牌、以品牌提特色"，防止品牌和特色相互割裂甚至相互冲突，这既是土特产企业经营管理需要注意的事情，也是地方政府推动土特产经济发展需要注意的事情，更是消费者进行产品选择时一定会注意的事情。

（四）长远规划、持续发展

长远规划是土特产产品的"序"，持续发展是土特产经济的"标"。两者合而为一，规划后久久为功，持续中协同发展，才能形成土特产经济的秩序，才能确保土特产经济的韧性，才能引领土特产经济的繁荣。土特产经济一定要有长远规划，确定目光长远的战略思维和政策导向，特别那些生产周期长的土特产品类更是如此，要避免用短期政策、短期思维对长周期土特产品趋势进行干扰，也要避免投机资本在土特产行业的干扰式扩张，这些需要避免的情况在过去的实践中已经给一些土特产品带来了极为严重的影响。要发展土特产经济的耐心资本，培育土特产经济的耐心主体，培养土特产经济的耐心人才。土特产经济一定要坚持持续发展，这不仅是生态、资源、环境方面的持续发展，还包括要素持续投入、政策持续稳定、品牌持续作用、人才持续培养等。换而言之，就是要耐下心来发展土特产经济，耐下心来研究新质生产力对土特产经济的赋能节点、赋能方向，耐下心来把土特产经济打造成"小又美""土又灵""特又红"的发展模式，以土特产经济引领城乡融合，推动社会、经济、环境等多方面协调发展，实现经济效益、社会效益和环境效益的统一。

二、新质生产力赋能的四个特征

新质生产力赋能土特产经济发展在遵循以人为本、质量为先，绿色引领、创新驱动，特色突出、品牌塑造，长远规划、持续发展的四个规律基础上，还需要把握系统赋能、精准赋能、长期赋能以及开放赋能这四个核心特征。

（一）系统赋能

从发展目的上看，新质生产力是催生新产业、新模式、新动能，发展以高技术、高效能、高质量为特征的生产力。这样的生产力质态与土特产经济发展的第一关系是系统赋能（或者说是间接赋能关系），即新质生产力通过对经济社会发展体系的系统改变，而间接地、系统地影响土特产经济的发展。如果忽视这个特征，非要"拔苗助长"生硬地发展土特产经济新质生产力或者强行地推动新质生产力向土特产经济赋能，则有极大可能是无效的。我们需要把握新质生产力赋能土特产经济的这一特征，进而引导土特产经济主体更好地了解、适应新质生产力发展，制定相关的战略导向，按照市场经济发展规律逐步地、稳妥地、多样地、因地制宜地推进新质生产力赋能土特产经济。

（二）精准赋能

从作用机制上看，新质生产力是追求更精准、更高效、更联动，强调以节点化、网络化、整体化升级的生产力。在新质生产力通过国民经济系统进行赋能的前提下，再具体到土特产经济产业链条或经济网络中，则要强调精准赋能，找准"牵一发而动全身"关键节点或关键主体，利用产业链条或经济网络的联动效应或传导效应，实现赋能目的。如果忽视了这个特征，则土特产经济的各个节点之间、各个主体之

259

间会先后出现"争抢"乱象、"不服"乱象、"捣乱"乱象、"混战"乱象，重复在过去实践中发生过的一些"悲剧"，如"某特产品卖成白菜价""某土特产质量不过关""邻近区域争抢土特产品牌资源、市场资源"等。过去的这些情况往往源于政策赋能不精准、产业内部缺龙头等所致，在新质生产力时代如果不能强化精准赋能，相关情况极有可能再度发生。

（三）长期赋能

很多土特产品都有长周期属性，需要不断注入新的动力和活力。在这种情况下，长期赋能强调"一张蓝图绘到底"，让新质生产力对土特产经济发挥持续推动作用。一方面，新质生产力作为生产力新形态，具有强大的生命力和发展潜力，能够为土特产经济提供持续的创新支持和动力源泉；另一方面，也需要能够和新质生产力相协调的制度体系、法律法规、创新生态、生产关系的支撑。忽视了这个特征，即使科技创新投入大且持续，但是相应的改革不到位，创新成果不能转换落地，人才队伍得不到激励，新质生产力也很难赋能土特产经济发展。也就是说，新质生产力对土特产经济的长期赋能，既要生产力提升的持续性，又要深化改革的持续性，两者缺一不可。

（四）开放赋能

开放赋能要求新质生产力在赋能土特产经济发展时，能够秉持开放包容的态度，积极吸纳国内外先进经验和技术成果，推动土特产经济与国际市场、国际标准接轨，也推动土特产之间包容赋能。在全球化背景下，土特产经济必须打破地域限制、品类限制、学科限制，积极参与国际竞争与合作，形成学科交叉、品类包容的发展趋势。新质生产力作为先进生产力的代表，既是开放合作的生产力，又是交叉融合的生产力，能够为土特产经济开放包容、交叉融合发展提供国际化的视野和资源支持。忽视了这个特征，会导致土特产经济很难"走出去"、土特产产品很难"融起来"、土特产人才很难"兴起来"、土特产学科很难"强起来"。为此，必须把握新质生产力开放赋能之特征，让土特产经济在全球范围内、全学科领域内实现资源共享和优势互补。

三、面向未来发展的五点倡议

（一）推进新质生产力优先赋能土特产经济

新质生产力是加速中国式现代化的标志性动能，将对中国式现代化包括农业农村现代化在内的各个领域进行赋能。在中国式农业农村现代化进程中，土特产经济是关系到乡村全面振兴和共同富裕的重要领域，是关系到大食物观、大农业观的关键领域，是关系到人与自然命运共同体、特产与文化命运共同体的关键内容。在中国式现代化进程中，我们要优先推进农业农村发展，这是农业农村的基础性地位决定的；在农业农村发展中，我们要优先推进土特产经济发展，这是土特产经济的普遍性、多样性、长期性、根植性和群众性决定的。为此，本书的第一点倡议是要在推进新质生产力全面赋能的基础上，优先赋能土特产经济发展。

（二）推动农业领域大众商品土特产化发展

随着经济社会的进步、消费需要的升级、产业行业的细分，几乎所有行业都出现了精细化、特色化的发展趋势。农业领域大抵也会如此，目前处于大众商品与特色产品并行阶段，将来不同地域的农业大众商品通过追求品质化、品牌化、特色化也会出现土特产化倾向，这是生产力发展的必然趋势，也是新质生产力时代的一个趋势。我们需要主动适应这样一个趋势，在培育壮大新质生产力的过程中，要加速新质生产力在大众商品土特产化方面的赋能，以提升农业全领域、全链条的特色水平和新增价值。这是第二点倡议，也就是要让新质生产力加速农业领域的专精化趋势，在深化土特产特殊性的同时也推动大众商品具有土特产的相关属性。

（三）支持五类人群联筑新质生产力共同体

由于土特产经济仍具有一定的农业属性，在国家和地方经济发展中具有基础性作用或者说具有一定程度的准公共属性，在市场中大多数地区都是完全竞争状态，生产者、消费者、管理者、服务者、评价者正在逐渐同等地位地发挥作用，这是与其他行业或领域有所差异的地方。为此，在新质生产力赋能土特产经济发展的过程中，一定要五类人群统筹兼顾、求同存异，共同发挥作用；要探索打造五类人群共同构成的新质生产力共同体，以让土特产经济生产、消费、管理、投资、服务、评价、舆论等都能符合新质生产力发展的要求，也让新质生产力能够通过差异化人群实现更好赋能的目的。这是第三点倡议，也可以说是要走好群众路线，让各个方面参与者都能成为土特产经济新发展的积极力量。

（四）探索三只手有效协同共兴土特产经济

原有生产力状态下，政府有形之手和市场无形之手共同促进了土特产经济的发展，但是也存在着两只手动作不协调的情况。新质生产力是以数字技术为重要支撑的生产力，可望通过数字技术的精准性、融合性、即时性等特征，打造出协调政府有形之手和市场无形之手发挥作用的第三只手——智慧协调之手，让源于青山绿水、山野田间的土特产经济能够和来自现代城市以及科技创新之中的政策协调手段更好地适应，减少拍脑袋决策、靠专家决策的主观成分。这是第四点倡议，也可以说是让数据更好发挥作用，不只是在生产、消费的相关环节，更要在协调两只手方面发挥作用，形成三只手调控土特产经济发展的新局面，这是新质生产力的属性决定的，也是未来发展的重要趋势。

（五）精准打造土特产经济三产三景新架构

　　土特产经济从产业链上看包括第一产业、第二产业和第三产业，这三个产业在新质生产力之下都将呈现出发展的新形态；同时这三个产业与生态、文化等外部环境相结合，又会产生土特产经济的新风景、新场景和新愿景，新风景是人与自然和谐共生的命运共同体，新场景是特产和文化融合发力的命运共同体，新愿景是土特产领域的中国式现代化的实现，并基于此形成三产三景新架构，这一过程已初显端倪并将随着新质生产力的渗透和扩散不断深化。这是第五点倡议，也可以说是要以命运共同体的思维让新质生产力发挥作用，从而让未来、让愿景更好地引领土特产经济发展，更好地让人民群众和社会各界在土特产经济发展中体会"何以中国"。

第二节

打造土特产经济"新三产"

　　产业链是土特产经济的核心脉络，也是新质生产力赋能土特产经济的重点选择方向。为此在前一节总结研究结论和提出三产三景新架构的基础上，在本节就相关内容进行单独阐述并提出相关建议。

一、全力打造土特产经济"新一产"

沿育种、土地、种植、防灾、装备的链条，兼顾因地制宜、因品制宜原则，推动新质生产力按照重点节点加大赋能力度，打造土特产经济"新一产"。

从链条看，育种环节，要加强种质资源保护与利用，挖掘地方特色种质资源。要推广现代育种技术，提高品种抗逆性、产量和品质。根据地域气候、土壤条件及市场需求，选育适宜当地种植的特色品种。土地环节，要实施耕地质量保护与提升行动，改善土壤结构，提高土地肥力，增强土壤的生物多样性。推广轮作休耕、间作套种等耕作制度，保持土壤生态平衡。根据作物特性，合理规划土地利用，实现土地资源的最大化利用。种植环节（养殖环节），要推广精准农牧业技术，加强病虫害绿色防控，减少化学农药使用，保障农产品质量安全。鼓励发展有机农业、生态农业，提升农产品附加值。防灾环节，要建立完善的农业气象灾害预警系统，提高灾害预测准确性，推广农业保险，减轻灾害对农民的经济损失，加强农田基础设施建设，提高农业抗灾能力。装备环节，要提升农业机械化水平，推广智能农机装备，提高农业生产效率，加强农机与农艺融合，推动农业全程机械化、智能化发展，鼓励研发适合当地特色的"小而美"型农业装备，满足个性化生产需求。

从方向看，要赋能原汁原味原生态、赋能品种品质品特色、赋能量价平衡塑未来。原汁原味原生态需要加强科技助力生态修复与保护，应用绿色农业科技手段，推动土壤改良与生态修复，推广绿色生产方式，确保基于最核心的基因片段留住土特产的原汁原味。品种品质品特色需要加强种质资源保护，确保土特产品质并按照市场需求稳妥改进，基于品牌化建设与差异化竞争进行数字化、智能化赋能，以确保土特产特色不褪色。量价平衡塑未来核心是利用新质生产力保持土特产市场稳定有序，把市场需求开发放在关键位置。根据时代变化把新质生产力的赋能点从供给侧转移到需求侧上去，要防止土特产供给过剩，更要防止土特产过度加工和过度宣传。此外，还要坚持因地制宜、因品制宜等原则，根据不同地区的自然条件、资源禀赋和经济发展水平，制定差异化的土特产发展策略；根据土特产产品的特性，选择适合的种植技术、管理模式和市场营销策略，制定差异化的生产经营模式，打造具有地方特色的土特产品牌。在赋能方式和节点上，在土特产的"一产"环节，要突出赋能于市场、赋能于系统、赋能于安全三个中心环节。

二、全力打造土特产经济"新二产"

按照稳住初加工、提效粗加工、创新精加工、布局深加工、强化新加工的原则，从产品、工艺、装备、标准四个环节，推动新质生产力赋能，打造土特产经济"新二产"。

从产品种类看，要精准区分初加工、粗加工、精加工、深加工、新加工，并差异化施策，不能所有类别都一个政策。要稳住初加工，即保持并优化传统初加工产品，如基本清洁、分级、包装等，确保基础品质稳定；要提效粗加工：通过技术改进，提高粗加工产品的生产效率，融入减损、降碳、增速等相关新技术，保持产品新鲜度；要创新精加工，进一步开发具有地方特色的精加工产品，如特色零食、功能食品、文化创意产品等，提升产品附加值；要布局深加工，探索土特产的深加工领域让产业链更长，如提取物、保健品、化妆品等，拓展产品应用场景；要探索新加工，着力推进未来技术在土特产经济中的应用，在现有产品之外开发出新的产品、新的工艺或新的标准来。

从加工链上看，要强化赋能加工工艺，包括结合现代科技，对传统加工工艺进行改良，提高生产效率和产品质量，引进消化吸收国内外先进的加工技术和工艺，如智能化生产线、精准温控技术等，提升加工水平，鼓励企业自主研发新工艺，如绿色加工、低碳加工等，降低环境影响。要强化赋能装备创制，包括对现有加工设备进行技术改造和升级，提高生产效率和能效，积极引进消化吸收国内外先进的加工装备，如自动化生产线、智能检测设备等，支持企业自主研发适合土特产加工的新型装备。要强化赋能标准提升，如建立健全不同加工层次的土特产产品标准、工艺标准、装备标准等，推动土特产加工企业参与国际标准和国内先进标准的制定，加大标准宣贯力度，确保企业严格按照标准生产，提高行业整体水平。

从相关方向看，要抓住核心功能做研发、按照市场需求做产品、坚持质量优先强工艺、精准分类集聚优链条。抓住核心功能做研发，要对土特产的核心功能进行科学研究，明确其独特的营养价值、药用价值或文化价值，利用现代科技手段进行深度开发，研发创新产品，并强化新功能、新口味或新形态的产品宣传，提高供给侧支撑能力。按照市场需求做产品，要定期进行市场调研，了解消费者的需求变化和趋势，通过大数据分析精准把握目标消费群体的需求和偏好，定制化开发产品，根据市场反馈和消费者需求灵活调整产品的种类、规格和包装，开发针对不同消费场景的产品。坚持质量优先强工艺，要严格质量控制，既健全相关制度，又提升检测硬件，既优化工艺流程，又提升人的能力。精准分类集聚优链条，要对土特产进行多维度的精准分类，明确各类产品的特点和优势，为产业集聚和链条优化提供基础，采取差异化措施加强与上下游企业的合作与协同，形成紧密的产业链关系，稳妥推动产业集聚区的建设和发展，形成规模效应和集群效应，提升土特产的产业水平和经济效益。

三、全力打造土特产经济"新三产"

统筹吃、卖、创、旅、金、健、信、法等相关服务业业态发展，以新质生产力推动其与土特产经济联动、融合发展，打造土特产经济"新三产"。

从行业方面看。餐饮业要基于土特产的独特风味和地域文化，精准开发差异化的特色菜品和美食体验，做好"小而美""净而宜"的小吃、零食，挖掘具有历史价值的特色名菜，打造土特产美食旅游线路。销售业要在做好在线销售、强化品牌营销和故事营销的基础上，适度适时恢复强化原有土特产摊床销售传统，寻找过去的购买体验，同时也要把握分层次销售、分类别销售等细分市场规律。创意服务方面，要加强文化、历史、非遗等多维度赋能，强化创意设计、包装设计、品牌设计等，提升土特产的外观吸引力和市场竞争力。旅游业方面，要结合土特产产地的自然风光和人文景观，通过微改造和原生态，开发乡村旅游、生态旅游、康养旅游等项目。金融服务方面，要结合实际需求，提供贷款、保险等金融支持，开放特色金融产品，鼓励通过众筹、股权融资等方式筹集资金。健康服务方面，要强调土特产的健康属性和营养价值，开发具有保健功能的土特产产品，并与健康管理机构合作，推广土特产的健康食用方式和养生理念。信息服务方面，要利用大数据、云计算等信息技术，通过社交媒体和网红经济，打造精准的产业平台，提升土特产的生产、销售和管理效率。法律服务方面，要提供法律咨询和法律援助，帮助土特产生产企业和农户解决法律纠纷和问题，推动知识产权保护，保护土特产的独特性和品牌权益。

从路径上看，关键是做好"融合"这篇大文章。一是与历史融合做底蕴，到遗址中、到文献里中深入挖掘土特产背后的历史故事和文化传承，举办系列化的文化节、展览等活动，展示土特产的历史渊源和文化价值，与当地历史遗迹、博物馆等合作，开展联名产品或纪念品开发，增强产品的历史厚重感。二是与旅游融合做体验，既要开发乡村旅游、生态旅游、康养旅游等项目，要有主动融入旅游体系中，通过土特产体验馆或互动区提供一站式服务。三是与民俗融合做特色，到群众中挖掘和传承当地民俗文化和传统手工艺，将其融入土特产的设计和制作中，与当地民俗艺术家、手工艺人合作，开发限量版产品，提升产品的独特性和收藏价值，加大力度对少数民族特产进行宣传。四是与数字融合做网络，利用数字技术提升土特产的生产、销售和管理效率，利用数字技术走出国门、走向世界，利用数字技术构筑属于自身的土特产社区或者社群。

第三节

打造土特产经济"新三景"

围绕着三次产业链外延，土特产经济是建立在营商环境、创新生态、文化氛围中的。三次产业对应的内容可以按顺序概括为"新风景""新场景""新愿景"。这三者尽管有重叠的内容，但是在不同的产业上要进一步有所侧重。

一、全力打造土特产经济"新风景"

土特产经济的第一产业，要重点把握其生态属性，并围绕着生态属性构建场景、描绘愿景，并结合相关场景和愿景打造土特产经济的"新风景"。

一是要创建基于乡村振兴的土特产经济"新风景"。要在土特产自然风光的基础上，更多地体现人的作用，着力创建三类"新风景"。创建实现共同富裕的"新风景"。通过培育壮大土特产产业，提高产品附加值，增加农民收入来源，鼓励农民参与土特产的生产、加工和销售，形成利益联结机制，确保农民能够分享到产业发展的红利，加强农村基础设施建设，改善农村生活环境，为农民提供更好的生产和生活条件，从而构建起人业共兴、共同富裕的"新风景"。创建加速城乡融合的"新风景"。加强城乡之间的产业合作、市场对接和人才流动，引导城市资本、技术和人才向农村流动，支持农村土特产产业的升级和转型；鼓励农村土特产进入城市市场、商业综合体等，满足城市居民对高品质、特色化农产品的需求，推动城乡之间的良性互动，构建起城乡融合的"新风景"。创建具有特产特色的"新风景"。每个地区都有其独特的自然环境和文化底蕴，这些独特元素是土特产经济的重要支撑，应运用新质生产力挖掘和保护地域特色，打造具有鲜明地域标识的品牌产品，提高土特产的知名度和美誉度，构建起特产特色的"新风景"。

二是创建基于生态文明的土特产经济"新风景"。土特产经济作为与自然环境紧密相关的产业，要继续强化其生态属性，打造基于生态文明的土特产经济"新风景"。打造人与自然和谐共生的"新风景"。注重生态环境的保护和修复，采用生态友好的生产方式和技术，减少对自然环境的破坏和污染。加强生态教育和宣传，提高生产者和消费者的环保意识，形成全社会共同保护生态环境的良好氛围。加强土特产种养殖区域的自然风景布局，在人与自然和谐共生中增加美感和艺术感，构建人与自然和谐共生的"新风景"。打造具有生物多样性的"新风景"。注重保护和利用生物多样性资源，推动产业的多元化和可持续发展，开展野生动植物资源的保护和利用研究，加强生态农业和有机农业的发展，重视空中、地面、地下生物多样性体系的统一构建，注意防范外来物种入侵，构建具有生物多样性的"新风景"。打造具有生态富民特点的"新风景"。发展生态产业和循环经济，推广生态农业和有机农业技术，构建菜、果、药、特产复合型种养殖体系，在保护生态资源基础上最大化生态空间价值，构建生态富民的"新风景"。

三是创建基于要素流动的土特产经济"新风景"。土特产经济第一产业多在乡村，多处于先进要素不愿流向的地方。为此，要按照城乡要素平等交换、双向流动的原则，着力构建基于要素流动的土特产经济"新风景"。创建城乡要素双向流动的"新风景"。要从劳动、资本、土地、数据、技术等要素分别分类入手，研究这些要素进行双向流动的关键环节。要加强这些技术进行双向流动的过程模拟，加强金融政策而不是财政政策的引导效应，以提升这些要素在乡村获得收益的预期。要加强共享平台、体验平台建设，让城乡要素能够在这些平台上自行交易、自行组合。创建乡村之间要素流动的"新风景"。加强乡村之间的产业合作和资源共享，可以推动土特产产业的区域化布局和规模化发展，建立乡村之间的产业联盟和合作社，共同开发土特产品、拓展市场和分享资源；加强乡村之间的交通和物流建设，降低产品运输和交易成本，打造跨越行政区域边界的乡村特产集群，构建乡村之间要素流动和集聚的"新风景"。创建由群众主体作用保障要素流动的"新风景"。明确群众与要素之间的权属关系以及利益分配关系，提升群众在要素流动中的主体作用，强化亲缘关系、社区关系在土特产经济发展中的特殊作用。加强政府引导作用，为土特产产业的发展提供良好的政策环境和公共服务，要推动土特产经济更多地由群众"说了算"，全面激发群众积极性和创造力，构建群众主体作用保障要素流动的"新风景"。

二、全力打造土特产经济"新场景"

土特产经济的第二产业（加工业制造业部分），要重点把握其生产属性，并围绕着生产属性增加风景、描绘愿景，并结合相关风景和愿景打造土特产经济的"新场景"。

一是要创建基于工业旅游的土特产经济"新场景"。土特产经济的第二产业，可以通过推进人文化、生态化、旅游化进程，加强初加工粗加工的体验式场景，加强精深加工的可视化场景，探索未来式加工制造的虚拟化场景，来创建基于工业旅游的土特产经济"新场景"。其中初加工粗加工企业可以设立互动体验区，让游客亲手参与初加工、粗加工环节，感受土特产背后的文化故事和匠人精神，笔者曾经参与某地土特产"煎饼"制作的体验，留下了颇深的印象。精深加工企业则可以打造现实的和虚拟的可视化参观通道，利用透明车间、玻璃栈道等形式，让游客近距离观看现代化生产线，结合 AR/VR 技术，模拟未来加工制造的虚拟化场景，增加趣味性和展示性。而对于未来式加工制造，则要强化概念式场景和虚拟化场景，要敢于想象、敢于构建，利用网络游戏、人工智能、虚拟现实等各种技术，如在类似《黑神话：悟空》这类游戏中以神话中炼丹炼药形式呈现未来的土特产加工方式。

二是要创建基于数智转型的土特产经济"新场景"。要通过创建初加工粗加工的数字直播新场景，加强精深加工的数智控制新场景，突出土特产制成品数智溯源新场景，来打造基于数智转型的土特产经济"新场景"。数字直播新场景具有互动性强、传播范围广等特点，可以利用直播平台，展示初加工、粗加工现场，邀请"网红"或知名人士进行互动直播，增强产品故事性和互动性。数智控制新场景，可以引入智能监控系统、大数据分析等技术，实现科研流程、生产流程的精准管理和效率优化，实时监测生产过程中的各项指标，及时发现并解决问题，提高产品质量和生产效率。数智溯源新场景，通过为每件产品赋予唯一的数字身份码，可以追溯、再现产品的原料来源、加工过程、质量检测等信息，以提高产品质量和安全水平，提升企业的品牌形象和市场竞争力。

三是要创建基于未来需要的土特产经济"新场景"。未来是充满无限可能的世界，也是土特产经济第二产业发展的重要方向，可以通过打造基于数字动画的土特产经济"新场景"、基于科幻探索的土特产经济"新场景"、基于未来技术的土特产经济"新场景"和基于梦想实现的土特产经济"新场景"，来迎接未来的挑战和机遇。数字动画新场景，可以创作以土特产为主题的数字动画，通过动画短片、互动游戏等形式，探索一些土特产"神话级"的可能未来和加工方式，来增强其对于社会各界的影响力和可知性。科幻探索新场景，可以结合科幻元素，构想未来土特产的生产、检测等相关场景，如设想在太空农场中种植特殊作物，利用高科技手段进行精深加工等。未来技术新场景，可以在场景中探索未来技术和土特产经济融合的新模式，开发基于未来技术的土特产经济新工艺、新设备等。梦想实现新场景，可以打造基于梦想实现的土特产经济新场景，让消费者参与到产品设计、包装甚至生产过程的某个环节中，满足消费者对独特性和参与感的追求，还可以举办梦想实现活动，让消费者在享受土特产美味的同时实现自己的小梦想。

三、全力打造土特产经济"新愿景"

土特产经济的第三产业，要重点把握其生活属性和服务属性，并围绕着相关属性打造愿景，提升土特产经济第三产业的从业者信心，增强土特产经济第三产业的系统性和联动性，让土特产经济拥有更好更快更持续的未来。

一是要创建有利于土特产经济的政策"新愿景"。第三产业是土特产经济中"经济"特征的最重要组成部分。土特产经济作为一种消费型经济，其发展离不开政策的引导和支持。政策制定者需深刻理解土特产经济的独特价值，从战略高度出发，构建有利于其发展的政策环境。首先，应将土特产经济纳入国家和地区经济发展的总体规划，明确其作为特色产业的地位，制定长远的发展目标和阶段性任务，支持土特产经济向高端化、品牌化、规模化方向发展。同时，应在土特产经济中强调第三产业环节的战略性，只有第三产业活跃起来，整个土特产经济才能充满战略活力。其次，要制定相应引导政策，如设立专项基金或金融产品，用于支持土特产的研发、市场推广和品牌建设等服务业等，还要制定专门的土地政策，以支持前店后厂式的土特产经济第三产业发展。最后，在优化发展环境方面，要简化行政审批流程，提高服务效率，为土特产经济从业者创造良好的营商环境，同时加强市场监管，打击假冒伪劣产品，防范"劣币驱逐良币"，维护市场秩序，保障消费者权益，提升土特产经济的整体形象。

二是要创建有利于土特产经济的服务"新愿景"。土特产经济的第三产业，其核心在于服务。提升服务能力，不仅关乎产品本身的质量与体验，更关乎从业者的素质与技能，以及整个产业链条的协同效率。要着力服务劳动者能力提升，加强对土特产经济从业者的培训和教育，提升其专业技能和综合素质，帮助从业者掌握现代营销理念、电子商务操作、品牌策划等技能以及未来可能需要的相关技术，提高其市场竞争力和创新能力。要着力服务劳动工具水平提升，鼓励采用新技术、新设备，提高生产效率和产品品质，鼓励劳动者结合实践自行创造和改进相关劳动工具，并予以相关知识产权政策支持。要着力提升劳动资料水平，确保土特产原材料的质量和供应稳定性，确保相关配套劳动资料的供应，确保能源、环保等方面的支撑能力，鼓励微创新微改进，让劳动资料在劳动人民的手中改进得更加符合新质生产力的要求。

三是要创建有利于土特产经济的成长"新愿景"。土特产经济第三产业要注意从增强主体自信、减少依赖、促进合作三个方面入手，助力打造土特产经济的成长"新愿景"。首先，要增强主体自信，通过榜样示范、政策宣讲等增强土特产经济从业者的自信心和荣誉感，建立土特产经济从业者交流平台，形成互助共赢的良好氛围。其次，要强化自主发展，鼓励土特产经济从业者根据自身实际选择路径以提高自身竞争力，减少对政府补贴和公共财政的依赖，政府部门应逐步从直接干预转向提供公共服务、营造公平环境，让市场在资源配置中发挥决定性作用。最后，要强化合作发展，要加强政府、企业、社会组织及消费者之间的沟通与合作，构建土特产经济生态圈，着力促进企业间合资合作、产业链整合等实现资源共享、优势互补，推动学会、商会等社会组织在推介和监督土特产产业发展中发挥更大作用，鼓励消费者、评价者、管理者等积极参与土特产经济的互动体验。

以上是本书的建议，也是对未来的希望。希望通过不限于如上的措施或路径，让土特产经济三次产业强起来、韧起来、特起来，让土特产经济在中国人民共同富裕的道路上做出更大贡献，也让土特产经济在新质生产力的赋能下，成为中国式现代化道路上的一个示范，成为让全世界知道"何以中国"的一个样板！

参考文献

- 任荣 . 推动农产品品牌化发展做好"土特产"文章 [J]. 中国农村科技，2024.

- 蔡海龙 . 从"新土特产"看特色农业产业的发展方向 [J]. 人民论坛，2024.

- 郝丹璞 . 跨境电商赋能十堰土特产高质量发展策略研究 [J]. 农业与技术，2024.

- 康海龙，等 . 汝阳花菇乡村土特产产品及品牌设计 [J]. 河南农业，2024.

- 李光辉 . 高校赋能"土特产"助力乡村振兴——以河南省济源职业技术学院为例 [J]. 中国农业综合开发，2024.

- 黎少华，王俊奇 . 筑网强基赋能提质——供销合作社系统打造"土特产"富民增收"金招牌"调研报告 [J]. 中国合作经济，2024.

- 肖伟 . 土特产品牌化建设路径研究——基于德化梨品牌发展的启示 [J]. 农村经济与科技，2024.

- 丁志文，龙文军 . 金融支持"土特产"发展的实践及建议 [J]. 农村工作通讯，2024.

- 武素迁，余新月 . 做好乡村振兴"土特产"文章 [J]. 先锋，2024.

- 李政 . 浙江省系统性推进土特产品牌化发展的思考 [J]. 基层

农技推广，2024.

- 徐刚，毛绪强，魏龙飞.陕西精心打造"土特产"品牌谱系 [J].农村工作通讯，2024.

- 龚晨.山东莒南县东兰墩村"土特产"致富记 [C].农村工作通讯，2024.

- 魏后凯，吴广昊.以新质生产力引领现代化大农业发展 [J].改革，2024.

- 罗必良，耿鹏鹏.农业新质生产力：理论脉络、基本内核与提升路径 [J].农业经济问题，2024.

- 姜长云.农业新质生产力：内涵特征、发展重点、面临制约和政策建议 [J].南京农业大学学报（社会科学版），2024.

- 朱迪，叶林祥.中国农业新质生产力：水平测度与动态演变 [J].统计与决策，2024.

- 尤亮，田祥宇.农业新质生产力：现实逻辑、内涵解析与生成机理 [J].经济问题，2024.

- 孔祥智，谢东东.农业新质生产力的理论内涵、主要特征与培育路径 [J].中国农业大学学报（社会科学版），2024.

- 陈文胜.农业新质生产力是什么？怎么发展？[J].中国乡村发现，2024.

- 郭晓鸣，吕卓凡.农业新质生产力的内涵特征、发展阻滞与实践路径 [J].中州学刊，2024.

- 陈卫强.农业新质生产力形成的逻辑框架、现实挑战及推进路径 [J].经济学家，2024.

- 周昊天，段小梅.中国式现代化视域下农业新质生产力：

理论审视、价值意蕴与未来进路 [J]. 重庆工商大学学报（社会科学版），2024.

- 唐萍萍，任保平. 发展农业新质生产力的决定性因素及其提升措施 [J]. 延边大学学报（社会科学版），2024.

- 饶旭鹏，赫英强. 农业新质生产力：内涵特征、困境检视及发展对策 [J]. 山西农业大学学报（社会科学版），2024.

- 林青宁，李京栋，毛世平. 农业新质生产力形成的理论逻辑、中国实践与着力重点 [J]. 西北农林科技大学学报（社会科学版），2024.

- 沈坤荣，金童谣. 以农村全面深化改革发展农业新质生产力 [J]. 河北学刊，2024.

- 林万龙，朱菲菲. 以新质生产力引领农业强国建设 [J]. 中国农村科技，2024.

- 叶兴庆. 把准农业领域发展新质生产力的着力点 [J]. 中国农业综合开发，2024.

- 中国社会科学院农村发展研究所课题组. 以新质生产力推进乡村全面振兴，中国社科院农村发展研究所网站，2024.

- 陈文胜. 发展新质生产力推动农业高质量发展 [N]. 人民日报，2024.

- 夏明月，陈冬阳. 以新质生产力推进农业农村现代化. 全国哲学社会科学工作办公室网站，2024.

- 侯冰洁. 以工业化思维推动现代农业发展路径研究 [J]. 南方农机，2023.

- 陈嘉欣，李丹. 互联网资源下探索振兴农村经济以实现精准扶贫之策略 [J]. 辽宁科技学院学报，2018.

- 李思莹，黄河，黄雪宁.民族地区经济高质量发展问题研究：一个文献综述 [J].财富生活，2019.

- 吴进明.我国农产品加工业的发展探析 [J].中国食物与营养，2003.

- 祝金林.开发土特产需要新思维 [N].衢州日报，2011.

- 汪聪."土特产"的历史变迁和与时俱进 [J].中国合作经济，2023.

- 胡洪森，龙正荣，张珂.我国农村经济发展文献综述 [J].合作经济与科技，2015.

- 李辉.让土特产走出大山——促进连城红心地瓜干生产企业健康发展的对策 [J].福建质量技术监督，2009.

- 钞小静，王清.新质生产力驱动高质量发展的逻辑与路径 [J].西安财经大学学报，2024.

- 郭晗，侯雪花.新质生产力推动现代化产业体系构建的理论逻辑与路径选择 [J].西安财经大学学报，2024.

- 齐家红，任新平."乡村旅游＋精准脱贫"的有效路径分析 [J].乡村科技，2019.

- 赵筱，张晨曦，岳蕾.乡村振兴背景下乡村旅游土特产开发与服务策略——以青海省互助县麻吉村为例 [J].旅游纵览，2022.

- 林辉，钟华."三农"视角下的旅游商品资源开发 [J].广东轻工职业技术学院学报，2013.

- 常明明.新中国成立初期农村土特产品购销探析 [J].当代中国史研究，2022.

- 毛灿贞，何平和 . 浅论地方土特产品对外贸易中存在的问题及其对策 [J]. 经济师，2013.

- 姚琼，刘震坤 . 农业企业技术创新的市场与营销风险的实证分析 [J]. 江西财经大学学报，2012.

- 劳显茜 . 新零售背景下土特产整合营销的问题与对策 [J]. 老字号品牌营销，2019.

- 陈刚，杨政霖，易思雨 . 消费者视角下少数民族民族情结构成要素的扎根研究 [J]. 西藏民族大学学报（哲学社会科学版），2023.

- 赵光远，等 . 东北振兴与吉林农业农村现代化 [M]. 吉林文史出版社，2023.

- 赵光远，李平 . 论新质生产力与"三生"空间融合 [J]. 新经济，2024.

后　记

　　终于如约完成这部书稿。在松了口气的同时，回顾这本书的写作过程，可以用四句话来进行总结。

　　一是源于偶然，成于必然。源于偶然，是因为我在微信朋友圈里转发了自己的一篇文章《新质生产力空间形态刍论》，引起了中国科学技术出版社杜凡如先生的关注，在交流中提出了"新质生产力赋能土特产经济发展"这个主题并达成了共识，开启了本书的撰写之路。成于必然，一方面源于双方的共同努力，另一方面是因为土特产真的在每个人的身边，衣食住行用哪个领域都随眼可见土特产的存在，只要用心去看去思考，每个人都能够就土特产的问题发表很多见解。

　　二是基于调研，成于思考。我的主要研究方向是在科技创新和新质生产力方面，但是这几年里不论在吉林省内还是到其他省的调研，让我对很多的土特产有了一点点的认识。而到益盛药业兼职"科创专员"以及创建吉林省人参产业创新发展战略研究中心，让我对诸如人参等土特产经济发展有了一定的思考。在构思和撰写此书的过程中，榕江县的罗汉果、新兴县的象窝茶、集安市的五味子、桦南县的大紫苏等都丰富了我的认知。试图用新质生产力的思考方式去探索土特产经济问题，与上述经历是有很大联系的。

三是起于特产，成于时代。土特产的发展都经历了漫长的过程，土特产的品类也十分复杂。本书写作从"南方小土豆"开始，从时代的变化展开，从新质生产力切入，从赋能发展而不是培育壮大架构起了新质生产力和土特产经济的联系，最后提出了以"新质生产力优先赋能土特产经济"领衔的五点倡议和构建土特产经济三产三景新架构的设想。完稿之际，与撰稿之初相比，颇有一种融入时代、面向未来、思考战略宏大之感觉。再从本书提出的农业大众商品特产化趋势、数据土特产化可能等来看，或许可以说我是真的进入了"新质生产力赋能土特产经济时代"回看当前所提之建议吧。

四是行于动笔，成于特产。再次回首这本书的写作，没有得到有关科研项目的资助，也没有邀请其他人与我一同撰写，只有和出版社的一纸约定和自己着力转型的决心。还好在出版社的支持下如期完成了稿件的撰写工作，翻看内容也提出了一些独到的观点和思路，终未负了这半年多的坚持和辛苦。这本书也是成于土特产的支持的，特别是最后一段冲刺时期，人参片、五味子、枸杞子等各地土特产为这本书的完成做出了很大的贡献。

不管怎样，书稿终是如期完成了！也许在写作质量上仍有欠缺，在市场销量上尚不确定，但是终是架构了自己的体系、写出了自己的见解，这就是值得庆贺的事情。与此之际，向中国科学技术出版社的杜凡如先生、李清云女士表示感谢并期待着与你们的首次合作取得成功；向中国农村发展学会副会长陈文胜教授、中国科学学与科技政策研究会常务理事张士运研究员为本书作序表示衷心感谢；向集安益盛药业王贺女士、吉林省社会科学院驻村干部姜峰为本书提供的照片表示感谢；向贵州省社会科学院李华红先生、广东省社会科学院庄伟光先生、黑龙江省社会科学院孙浩进先生为本书调研或者案例提供帮助表示感谢；向文心一言等有关写作的大模型表示感谢，这些智能应用确实让我省了不少力气；还要感谢我在吉林省社会科学院的各位同事和我的家人，在撰写本书的过程中他们分担了我的有关工作或事务，让本书能够得以顺利完成。

当然，受制于调研范围有限等客观原因，本书还有很多不足之处，在致以诚挚歉意的同时，敬请读者谅解与批评指正，也希望读者的反馈意见有助于我们在不远的未来继续研究和撰写新的著作《特产力量 2.0》。

最后，本书初稿完成之时恰逢中华人民共和国 75 周年华诞，正好以此书献礼，并祝我们伟大的祖国生日快乐、繁荣富强。

赵光远

2024 年 10 月 1 日